本书入选

2019 年度陕西省委宣传部重点文艺创作
资助项目

丝路家书

丝路中国27处世界遗产探访录

章学锋◎著

西安电子科技大学出版社

图书在版编目（CIP）数据

丝路家书：丝路中国 27 处世界遗产探访录 / 章学锋著 . -- 西安 : 西安电子科
技大学出版社，2019.12
ISBN 978-7-5606-5408-9

Ⅰ . ①丝… Ⅱ . ①章… Ⅲ . ①文化遗产－中国－通俗读物 Ⅳ . ① K203-49

中国版本图书馆 CIP 数据核字 (2019) 第 219132 号

策划编辑　邵汉平　高维岳
责任编辑　邵汉平　穆文婷
出版发行　西安电子科技大学出版社（西安市太白南路 2 号）
电　　话　（029）88242885　88201467　　　　邮　　编　710071
网　　址　www.xduph.com　　　　电子邮箱　xdupfxb001@163.com
经　　销　新华书店
印刷单位　陕西金和印务有限公司
版　　次　2019 年 12 月第 1 版　　2019 年 12 月第 1 次印刷
开　　本　710 毫米 ×1000 毫米　　1/16　　印　张　17
字　　数　180 千字
印　　数　1 ～ 5000 册
定　　价　45.00 元
ISBN　978-7-5606-5408-9 / K
XDUP　5710001-1

***** 如有印装问题可调换 *****

历史从哪里开始，思想的进程也应当从哪里开始。

——恩格斯

丝
路
中
国

送你27个宝贝

我亲爱的好朋友：

感谢你能从书的海洋里，采撷这朵小小的浪花。谢谢你，真的。这是我专门为你写的书——一本通过文化的视角来认识丝路中国和世界遗产的书。

世界遗产包括世界文化遗产、世界自然遗产，是被联合国教科文组织和世界遗产委员会确认的人类罕见且目前无法替代的财富，是全人类公认的具有突出意义和普遍价值的文物古迹及自然景观。目前，全世界有1121处世界遗产，分布在167个国家，我们中国有55项。

文化遗产是历史传承下来的人类共同记忆的宝贵载体。2014年6月22日，在联合国教科文组织第38届世界遗产委员会会议上，中国、哈萨克斯坦和吉尔吉斯斯坦三个国家打包申请的"丝绸之路：长安—天山廊道的路网"项目获批，丝绸之路沿线的33处遗址、遗迹成为世界文化遗产大家庭的新成员。其中，丝绸之路中国段有22处世界文化遗产。

在对丝绸之路中国段的探访和本书的写作过程中，我把和丝绸之路有关的另外 4 处世界文化遗产和 1 处世界自然遗产也加进来了。这样，本书中探访的中国境内与丝绸之路相关的世界遗产就有了 27 处。

在我们生活的这个苍茫而辽阔的星球上，在横跨亚欧非大陆的丝绸之路上，不同种族、不同肤色、不同语言、不同信仰、不同文明的商贾、军卒、使者、质子、朝圣者、僧侣、牧人等，在驼铃和马嘶声中翻越亚洲之脊，穿过城镇和绿洲，连接起亚欧大陆的两大著名城市长安和罗马，让不同的文明相互碰撞交流，让人们认识到一个立体多元的世界。

促使我写作这本小书的一个原因是，那次你很认真地告诉我，"一带一路"倡议得到了地球上半数以上国家的响应，但你和很多小伙伴对古代的丝绸之路却了解得极其有限。你说学校发的和从书店买的那些关于丝绸之路的书，都很深奥，你们都看不进去。

当时，我没有回答你的问题。但是，作为一名汉字的学习者、使用者，听了你的这话，我的心像被什么狠狠地刺了一下，感受到那种很疼的痛。我能做些什么呢？面对你山泉般清澈的目光，我常常为自己的无能为力感到羞愧。

后来，终于有了一个去"丝绸之路：长安—天山廊道的路网"中国段考察的难得机会。不管对你，还是对我，这都是一个绝好的亲近丝绸之路的机会。我也做好了带你一起去走走看看的准备。可惜，组织者后来把出发时间提前了，而你因为要在学校读书，最终没能成行。这真是一件憾事！

为了弥补这个遗憾，我就用手中的笔，其实也不是笔，准确地说，是用电脑的键盘和手机，记录下一路上的所见所闻和所思所悟。

边走边写，积沙成塔，于是就有了眼前这本小小的书。这27处丝路中国之世界遗产，是上苍留给我们的礼物。今天，我把它们转赠给你。

让我们一起来记住这些宝贝的名字吧——

它们是位于陕西省的秦始皇陵及兵马俑坑、汉长安城未央宫遗址、张骞墓、唐长安城大明宫遗址、大雁塔、小雁塔、兴教寺塔、彬县大佛寺石窟，位于河南省的汉魏洛阳城遗址、隋唐洛阳城定鼎门遗址、龙门石窟、新安汉函谷关遗址、崤函古道石壕段遗址，位于甘肃省的麦积山石窟、炳灵寺石窟、锁阳城遗址、悬泉置遗址、玉门关遗址、莫高窟、嘉峪关长城，位于新疆维吾尔自治区的克孜尔尕哈烽燧、克孜尔石窟、苏巴什佛寺遗址、高昌故城、交河故城、北庭故城遗址和新疆天山。作为好朋友，我把自己眼见的这27个世界级宝贝，逐一写给你，希望你能喜欢！

我亲爱的好朋友，当我踏上长安、秦州、甘州、安息、肃州、武威、张掖、敦煌、鄯善、精绝、于阗、康居、莎车、疏勒、龟兹、且末、小宛、焉耆、车师、山国、姑墨、楼兰、葱岭、大月氏、交河、高昌等古老而神奇的地域时，那些史书上和传说中的故事和人物都争先恐后地跳出来，陪着我走了一段又一段，述说起很多快要被时间忘掉的千年往事。

我是走了一路，看了一路，听了一路，想了一路，又用心地写了一路。我总认为，行是身在读，读是心在行。

在新时代阳光的朗照下，他们的故事依旧鲜活，他们的神采依旧飞扬，他们留在丝绸之路上的精神，点亮了我荒芜已久的心灯。

　　必须要说明的是，和你平时读的文学书、教辅书不同，这是一本播种文化的书。我想要播撒的种子，就是丝绸之路上那些非常奇特的建筑、那些非常震撼的文物、那些非常动人的故事、那些《西游记》里的有趣情节、那些壮美豪迈的边塞诗、那些非常奇特的想法、那些非常美妙的心愿，等等。现在，我把它们都种植在这本小书的字里行间。只要你拿出来读，它们就会精灵般一个接一个地跳出来，跃进你的大脑中，融入你的生命里，最终化为你智慧的养分。

　　我希望，在若干年后的某个瞬间，这本书里的某个故事，甚至是某一句话，会从你记忆深处的褶皱里跳出，像鸟儿那样迎着阳光，在枝头放声歌唱。

　　我亲爱的好朋友，你是知道的，那时，一定是种子发芽、开花，并且结果了！

　　把好东西拿出来，和好朋友一起分享。这样，一个人的快乐，就会成为一群人的快乐。这是前辈们传给你我的一条人生经验。我希望，每位拿到这本书的好朋友，都能相互转告并积极行动，从而让更多的好朋友知道和阅读这本书。

　　谢谢你们，我亲爱的大朋友和小朋友们，谢谢你们选择了这本书，为这本小书付出时间！

你最好的朋友
己亥小满于西安

扫码收听

世界遗产

目录

卷壹

陕西

探源

SHANXI
TANYUAN

秦始皇陵及兵马俑坑

位于陕西省西安市临潼区，其中兵马俑坑是古代用陶土制成战车、战马、士兵等殉葬品的集大成者，有 200 多位各国元首及领导人先后参观访问，是中国古代辉煌文明的一张金字名片，被誉为"世界第八大奇迹"。1987 年 12 月，成功入选《世界遗产名录》。

中国力量呼啸来

我亲爱的好朋友：

对不起，我亲爱的好朋友，我们的约定要改变了。

原本，我说要和你一起在暑假去走丝绸之路的。但是，现在计划有变了，因为主办方把活动时间提前，我只能一个人先出发了，对不起！

我知道，此时此刻的你，正坐在明亮的教室里听老师讲课。所以，我会用笔记录下所看到的，写下想说给你的话儿，权当是爽约后的补偿吧，希望你能从中体味到那些和丝绸之路有关的世界遗产的独特魅力。

卷壹 — 陕西探源

我亲爱的好朋友，再次参观秦始皇陵及兵马俑坑，我有了一个新的思考。一号坑的拱形大厅下，站立着2000多年前的大秦帝国军阵，他们的神情依旧肃穆。这大秦兵马呼啸而来的壮观场面，让我再次感受到了两千多年前那威武昂扬的战斗气势。

不是吗？当我移步于一号坑、二号坑和三号坑间，8000多个兵马俑，以恢弘磅礴的气势，一行行、一列列整齐站立在我的眼前。历史的厚重之美，犹如一只看不见的手，瞬间穿过我的眼，抵达我的心，任由满腔激情汹涌而来。

不是吗？站在高处鸟瞰，那些双耳竖立、昂首嘶鸣的战马俑，体格健壮的武士俑，正欲冲杀的骑兵俑，蓄势待发的立射俑，腹部微隆的将军俑……每一个兵马俑都保留着自己的个性，即便是同一种装束、同一种姿势的兵俑，也有着各自不同的神态。

你一定记得，上面这些感受，寒假我们一起参观时曾经交流过。

现在，我就站在一号坑的上方，坑下的兵马俑，近的在二三十米处，远的也不过在三四百米开外。一股大秦军团的力量，一股崛起的力量，正向我扑面而来。

这一刻，整个世界都像被震了一下。长河落日、孤雁云天、飞沙狼烟、鼓震金鸣等久远未用的词语，不容分说地挤上心头，击穿时间遮蔽的那层薄纱，在苍茫的时空，涟漪般荡漾开来。

望着肃立冷峻的兵马俑们，一个前所未有的新念头，从我的头脑中闪过：这支披挂整齐、行止有序、组织严密、固若金汤的军队，虽然被一条条厚厚的土墙分隔开，但不难发现，他们正行进在去远方的路上。

2000多年前，有没有一条这样平坦宽阔，可供数万兵马行走的道路呢？如果有，这条路叫什么名字呢？历史上，有关于这条路的记载吗？

我的这个疑问，在历史当中会有答案吗？我亲爱的好朋友，我要告诉你的，是我思考出的不知是对还是错的答案：这些兵马俑原型们，生前所踩的，应该是秦直道！

在《史记·蒙恬列传》中，司马迁曾说："始皇欲游天下，道九原，直抵甘泉，乃使蒙恬通道，自九原抵甘泉，堑山堙谷，千八百里……"

在《资治通鉴·秦纪二》中，司马光证实："三十五年使蒙恬除直道，道九原，抵云阳，堑山堙谷，千八百里……"

秦直道，就是很多陕西人嘴边的"皇上路""圣人条"，是公元前212至公元前210年，秦始皇命令大将蒙恬监修的一条重要军事要道；也是一条从咸阳北至九原，穿越今天的陕西、甘肃、内蒙古等三地，在很多道路不通、人烟罕至的荒山野岭、原始森林和沙漠草原深处，筑出的一条七百多公里的通天大道。

我看到，从乡村到小镇，从小镇到郡县，大路朝天，群山起伏，田林叠嶂，阡陌交错，还有驿站烽燧、古戏楼子，在这条路上次第晃过……

我听到，先民们围猎的呐喊声，始皇巡游的车辇声，张骞西去的马蹄声，丝绸之路商旅的驼铃声，在这条路上轮番响过……

我亲爱的好朋友，起于陕西咸阳，止于内蒙古包头的秦直道，平均路宽 50 米，最宽处 70 米；在路的两旁，还夯有厚实的围墙；每隔三丈，就种植一棵青松；沿线的兵站、关口和烽燧，多达 2800 多处……

为便于大队车马快速、便捷地通行，古代施工者用堑山填谷的方法，将高耸的山头削去，将幽深的山谷填补，再用填方夯筑的路基将两个山体连接，让道路尽可能平坦。

在秦直道很多"之"字形盘山道上，考古者发现：靠河或靠沟一侧和中心区，都建有高规格的夯土护坡，在路面靠山一侧还挖有与直道平行的排水沟，显然充分考虑了山梁地质和洪灾的因素。

在秦直道遗址的地下，考古者发现了一些夯土磉墩和磉墩上的石柱础，以及大量秦汉时期的绳纹筒瓦、板瓦，及陶罐、盆、甑等残片。此外，还发现了很多或深或浅、或宽或窄的车辙，最宽处有14道车轮反复碾轧、挤迫留下的辙梁。这说明，秦直道最宽处，可让七辆车同时通过。

有专家估算，如果将修筑秦直道所用的土方，打造一条一米高、半米宽的墙壁的话，那么至少可以绕地球赤道一周！工程规模之大，令人叹为观止。

秦始皇付出了亡国的代价，动用数十万民工，修筑了令人惊叹的长城和秦直道，但却没有达到想要一劳永逸地抵御外敌的目的。西北边境上，日益强大的匈奴部落，依旧隔三差五地前来骚扰。

我不知道，这些驰骋在秦直道上的车马，有没有秦兵马俑坑里的原型？两千多年的时光，可以将秦直道上的驿站、客舍磨灭掉，但却无法磨灭人们对历史的记忆。

无数发生在秦直道上的鲜活历史，让人思绪万千，感慨颇多——

我看见，汉文帝刘恒从林光宫到延安时，走的就是秦直道。他是秦代以后最早驱车走过秦直道的汉代皇帝。

我看见，汉武帝为张骞亲自送行，这才有了那条经甘肃、新疆至中亚、西亚并连接地中海各国的陆上丝绸之路的开辟！我亲爱的好朋友，请注意，开辟丝绸之路的张骞是从秦直道出发的。这，有莫高窟第323窟汉武帝为张骞送行的壁画为证。

我看见，因为有跟随汉武帝统率的18万大军沿秦直道走过一遍的出征经历，所以司马迁在《史记》中对秦直道的记述，才会那么准确无误。

我看见，哀婉的昭君怀抱琵琶，沿秦直道出关远嫁呼韩邪单于，承担起维系和平的千斤重任。

我看见，女诗人蔡文姬在战乱中为南匈奴所俘，走的就是秦直道。被俘12年后，思乡心切的蔡文姬，被曹操的使者接回。她告别丈夫和孩子，沿漫漫的秦直道，吟唱《胡笳十八拍》，回到中原，继承父业，参与《续汉书》编撰。

我看见，李世民多次奔走秦直道征讨突厥，秦直道继续在战争中发挥着重要作用。

我看见，大宋王朝时秦直道上战火不断，李继迁在统万城建立西夏，严重威胁中原政权，这才有了书生范仲淹戍边御敌的故事……

我突然激动起来：千百年来，在秦直道上呼啸而来呼啸而去的人马，彰显的是中国力量！

这个彰显中国力量的秦直道，正是丝绸之路的前身！

我亲爱的好朋友，读历史你就会知道，秦和西汉两个王朝，曾共同干了这么一件事：他们以咸阳、长安通往上郡的直道、驰道为依托，利用军屯、民屯等政策，将大批的中原人移民到长城内外。

秦直道，最初应该是通往塞外的一条民间通道。

我甚至怀疑，周穆王曾从秦直道北上，漫游至昆仑，与西王母相会。

后来，为防御北方匈奴、羌、狄、戎等少数民族南下，大秦帝国历时多年修通了这条军事专线。

再后来，随着关中汉族政权与边疆少数民族政权经济、文化的交流，逐步演变成一条纵横交错的友谊之路、玉石之路、黄金之路、毛皮之路、香料之路、丝绸之路……

秦直道，如一条气势磅礴的巨龙，由南向北一路昂首挺进；秦直道，像一条翠绕珠围的项链，把古长安同外面的世界紧密相连。

秦直道，和当时的长城、兵马俑、阿房宫一起，构成了秦朝"四位一体"的防御格局：兵马俑是兵马，秦直道是矛，长城是盾，共同守卫着大秦阿房宫，保护着一股崭新力量的崛起。

假如没有秦直道，大秦兵马就不可能那么整齐地列阵行进。

假如没有秦直道，也许就没有后来闻名世界的丝绸之路。

我亲爱的好朋友，你是不是觉着，按照上面这样的推理来看，有时候对历史的探究，好像是一个人在讲故事。面对历史，需要我们"大胆想象"，更需要我们"小心求证"。

在你我狭窄、有限的知识库存里，故事的确能给我们以经验的分享、知识的交流，甚至道德的教化。但事实上，历史本身并不会讲故事，历史是用那些遗存的东西来讲故事的。历史的遗存前后呼应了，那么所讲的故事就很有可能成立。

要找出藏在历史中的遗存，这可是一项技术性很高的工作。这就好比课堂上要写作文，面对一个题目，总是先想到打算写的人和事，接下来才会想到写这人和那事的具体的某些点，最后才是如何写好。

在给你写这些文字前，我用手机查找了一些资料。没想到，居然有了新的意外发现：两千多年后的今天，永咸高速公路乾县段，就建在早年秦直道和丝绸之路的旧址上。这段高速路，现在已经建造好了，正在当地抒写着新的传奇。

这个巧合，就是一种力量的象征啊！

是一种什么样的力量呢？

今天，我们中国发出的"一带一路"倡议，在全世界引起了前所未有的巨大反响和热切响应。这是中国力量跨越时空的再次彰显，我深深地这样以为。

你是怎样想的呢？我亲爱的好朋友，祝每天都有新的收获！

你最好的朋友

丁酉初夏于临潼

扫码收听

汉长安城未央宫遗址

位于今陕西省西安市未央区，始建于公元前200年，是西汉长安城的权力中心，是西汉王朝的决策地、指挥中心，也是古丝绸之路的历史始发地。汉长安城未央宫遗址，可谓丝绸之路最早的东方起点。2014年6月，作为"丝绸之路：长安——天山廊道的路网"组成部分，成功入选《世界遗产名录》。

丝路大书从这里翻开

丝｜路｜家｜书

我亲爱的好朋友：

　　目送你背着书包进入校园后，我就辗转搭车从南郊来到西北郊，观瞻汉长安城未央宫遗址。

　　我亲爱的好朋友，我以前多次给你说过，关中是陕西的"白菜心"。当年，秦朝从渭河东岸的咸阳一路东扩，新城一直延伸到辽阔的渭河南岸。可惜，渭河北部的主城区，被项羽一把大火烧掉。死缠硬磨的刘邦，在楚汉战争中消耗了项羽的实力。而短命的秦朝，只修了离宫，就灭亡了。

　　汉长安城遗址区的西南角，就是著名的未央宫。未央二字，最先出现在《诗经·小雅》里："夜如何其？夜未央。"

央，是尽头的意思。未央，就是没有尽头的意思。

真是可惜，这座曾经见证无数辉煌的土木结构宫殿，历经两千多年风雨的洗刷，如今只剩下一个南北约350米长、东西约200米宽的夯土台基了。现在，我所能看到的，就是几截黄土夯就的遗存，在天地之间，散发着远古的雄风，叙说着曾经的辉煌。

未央宫是西汉王朝的皇宫，西汉12个皇帝先后在此登基，很多重要朝会和政令都从这里发出——

公元前138年，不再巡游的汉武帝，在未央宫为孤胆英雄张骞赐发符节，并到直城门外为他和100多人的外交使团送行。巍巍秦岭记着，手执旌节的张骞，几经周折，泅渡瀚海，不辱使命，13年后仅张骞与堂邑父"二人得还"。张骞此举，迈出了中原王朝联通西域的第一步。

公元前119年，还是在这里，汉武帝又一次派遣张骞出使西域。这回，张骞率领300人使团，携带金币、丝帛等财物和牛羊万头，到了西域诸国。滔滔渭水记着，手执旌节的张骞"为人强力，宽大信人"，开辟了贯通东西方物质和文化的"天路"——丝绸之路。

丝绸之路这部大书，是在汉长安城未央宫前殿翻开的第一页。

有了这条应运而生的路，不同物质和文化的交流，从此得以实现。

长安城里那些柔软的锦织和名贵的瓷器、漆器、药材，以及冶铸、水利、作物栽培等先进技术，随着西出阳关商旅的驼铃声，沿着丝路向西，去往中亚、西亚，到达中欧、南欧，最后进入更广阔的世界。

西域的葡萄、西瓜、芝麻、胡麻、石榴、黄瓜、大葱、胡萝卜、大蒜、番红花、胡荽等作物，以及音乐、舞蹈、杂技等艺术，甚至宗教、民俗等异域文化、文明，也沿着这条路大规模地传入中国。

现在很多人喜爱的牛羊肉泡馍、小炒等陕西特色食品，就是西域人带到中原的。它们其实都是丝绸之路的舶来品，是风餐露宿于西域、北国、大漠、黄土高原上的征战者慌不择食的产物。

据说，"锅盔"的产生是兵士们急中生智，以头盔当铁锅烙出来的"死面饼饼"；而最早的羊肉泡馍则是把锅盔掰碎扔进烹煮羊肉的锅里，你一碗、我一碗这样来吃的。

羊肉泡最初的名字叫"羊羹"，其做法是先将优质的羊肉洗切干净，再加以葱、姜、花椒、八角、茴香等煮烂，汤汁备用。食客吃时，将死面做成七八分熟的饼子后，掰成黄豆般大小的碎块，再由厨师在锅里添放一定量的熟肉、原汤，配以葱末、黄花菜、黑木耳、粉丝、盐、味精等调料，用大火单勺烧熬数分钟即可出锅。因为制作中料重味醇，肉烂汤浓，肥而不腻，所以一出锅就香气四溢，诱人食欲，如今几乎成为陕西小吃的代名词。

1061年，苏轼通过制科御试，以大理寺评事赴凤翔府任签判。这位大文豪和大美食家，对陕西的羊羹美食赞不绝口，还留有"陇馈有熊腊，秦烹唯羊羹"的诗句。

历史用这样一条丝绸之路，将西罗马、东长安这两座古老城市联系在了一起，从公元前2世纪一直跨越到公元16世纪，见证了亚欧大陆在经济、文化、社会发展等方面逾千年的繁盛。

丝绸之路上奔走往来的各国商人，用各自熟悉的语言表达心声：中国商人说"大河有水小河满，小河有水大河涨"，东南亚商人说"水涨荷花高"，非洲商人说"独行快，众行远"，欧洲商人说"一棵树挡不住寒风"……

如汹涌澎湃的海，似悄无声息的波，中华文化沿着这条路传到了遥远的四方，成为世界历史交响曲中最铿锵的乐章。

一级一级地登上 20 米的高台，极目远眺，一眼望不到尽头，不由得让人赞叹：果然未央！

朗朗晴空，两道云彩相向对游，像两个聪慧的孩子，胆大地在碧空上画着太极图。当年，汉武帝和张骞他们，也一定享用过这样的阳光、空气。我亲爱的好朋友，一想到这儿，我就很用力、很用力地深吸了一阵。也许，你会笑话我的这个举动。我所希望的是，能从这里，呼吸到历史更多的细节。

讲解员说，汉长安城是亚洲第一个国际大都会，也是当时世界上规模最大的城市。这话不假，站在高台上，的确一眼望不到边。汉长安城城内面积 36 平方公里，遗址总面积达 65 平方公里。我看到，很多游客开着小轿车随处游转，他们不怕迷路吗？讲解员笑着说，当地年龄大的人很欢迎大家"进城"来，他们依旧把离开遗址区前往现在西安市繁华区叫"出城"。在很多老乡的心目中，汉长安城就是他们心中永远的城！

我亲爱的好朋友，为什么我们的文字叫"汉字"？为什么我们的语言叫"汉语"？

答案，都在这里。

在这里，西汉王朝沿袭了秦朝的"大一统"局面，确立了"罢黜百家，独尊儒术"的思想学说，并在与匈奴拉锯

式的交战中，确立了中国疆域的轮廓。在长期交融中，周边少数民族与中原民族逐渐融合，形成了汉族。再后来，大家所用的语言和文字，被分别称为汉语、汉字。

我亲爱的好朋友，我还要告诉你的是，不仅汉人、汉字、汉族、汉文化等概念在这里形成，甚至我们中华民族的很多风尚、礼节、信仰、习俗，诸如春节、元宵节、清明节、七夕节、中秋节、重阳节等传统节日，以及影响深远的"二十四节气"，都是在以汉长安城为主体的关中大地上生根发芽的。

在汉长安城未央宫里，一个叫陈汤的将军曾上书汉元帝："明犯强汉者，虽远必诛！"陈汤曾任西域副校尉，为安定边疆作出了很大贡献。这话，在两千年后被一部叫《战狼2》的电影所套用，演绎成"犯我中华者，虽远必诛"，成为红极一时的金句。那天，我们在影院看罢《战狼2》，你说：这句话，有气势，真带劲。现在，你明白了这话的出处，是不是也和我一样，为自己又学到了一个新知识，而感到特别高兴呢。

与西方人用石头堆砌罗马城相比，汉长安城是用土木建造的。经历了两千年的风雨，汉长安城当年那宫殿成群、巍峨栉比、金碧辉煌的场景，早就烟消云散了。但是，作为当时世界上规模最大的都城，也是中国历史上第一个国际化的大都市，汉长安城至今还藏存在那句天下人皆知的"东长安、西罗马"的美誉中。这是每一个在西安成长的孩子，都应该感到自豪的。

初夏时节，在红色跑道和青石路旁，新移栽的树木，正憋着劲儿，把绿意向外淌。不久之后，这里将是一派林荫画卷。

就在这时，讲解员说了一个小插曲——

前些年，西安修北二环路。不巧，设计路线撞上了汉长安城未央宫遗址。为了保护好这里的一草一木，在寸土寸金的城市建设开发浪潮中，尊崇文化的西安人，硬是让二环路拐了个大弯，绕开了遗址区……

是的，不仅遗址区的一草一木，是祖先留给我们的珍宝，就连这里的空气，也都是无价之宝，任谁也无权侵占。

一想到这些，作为西安城的一个普通市民，我有一种既熟悉又陌生的感动。这个小故事，让我的心温暖了许久。

历史是故事的集结体，给我们留下了许多故事。好好珍惜当下的时光吧，我亲爱的好朋友。只有今天加倍努力了，明天才可能成为一个有故事的人。还记得，那次你用整整一个下午的时间，付出了许多的艰辛和努力，改了又画，画了又改，终于绘制了一幅自己满意的在未央宫放风筝的儿童画。交到学校后，果然得到了老师的表扬和同学的赞赏。
这件小事，让我看到了你骨子里那股不服输、很努力的劲儿，
真为你的努力而高兴！希望你把这股劲儿，一直秉持！

愿你天天快乐！

你最好的朋友

戊戌初夏于未央

扫码收听

张骞墓

位于今陕西省汉中市城固县，是西汉杰出外交家、丝绸之路开拓者张骞的墓葬。1938 年，西北联大师生发掘墓道时，曾出土了刻有汉隶"博望造铭"的封泥，及灰陶片、瓦罐、汉五铢钱等文物。2014 年 6 月，作为"丝绸之路：长安—天山廊道的路网"组成部分，成功入选《世界遗产名录》。

卷壹｜陕西探源

走出自家的门天真大

我亲爱的好朋友：

车一进入汉中境内，温润就裹围了全身。这，让我一时有些恍惚，怀疑自己是不是到了南中国？车站广场上，峨冠博带、手持旌节的张骞雕像，矗立在黑色的大理石基座上，以无可置疑的姿态，提醒着天南海北的来客——这里是汉中城固！

踩在城固大地上，不知怎的，我先想到的竟然是刘邦，而不是张骞。刘邦建立西汉后，天下并不太平。一个被称为匈奴的北方游牧部落，隔三差五地遣派军马，折腾和骚扰着这个新政权。有一次，不甘心只当部落首领的匈奴首领冒顿

单于，率骑兵围攻晋阳。刘邦带 32 万大军去迎战，结果被围在白登山，还差点儿丢了性命。从此，就有了选派汉家公主与匈奴和亲的历史。

汉武帝时，为"断匈奴右臂"，派张骞出使西域，志在打败匈奴，消除西北边患。于是，就有了张骞凿空西域，开通丝绸之路的故事。

接我们的小车沿路疾驰而去，我看到窗外天空蔚蓝、稻田广袤、鱼塘连片、荷花映日、芦苇翠绿、林带葱郁、山脉巍峨、汉江滚滚，好一幅美不胜收的水墨山水画。

为了让我们这些外地游客，感受到家乡人对张骞的尊敬，细心的司机还特意在张骞路、桔园路与建设路的三岔口停了车。

走进一个占地四五亩的广场，映入眼帘的是红色花岗石雕成的"张骞通西域群雕"，再现着孤胆英雄张骞两度凿通西域的故事，以及丝路通畅后中西交流的繁荣景象。通过与司机的交谈，得知这里已成为城固推介张骞文化的一张精美名片。

怀着难以抑制的激动，我走进了修葺一新的张骞墓。雄伟壮丽的汉代青砖筒瓦阙式大门前，竖有一对高八米的石华表。墓园甬道花木扶疏，竹影婆娑，芬芳之气一路相随。走进三间古色古香的献殿，东墙上挂"张骞出使西域图"，西壁则悬"凿空图"，两大壁画，东西呼应。两边的配殿里，展出的是"张骞生平伟绩"。缓缓移步其间，仔细阅读上面的文图，历史的沧桑顿时沾满衣襟。

张骞墓坐北朝南，东西、南北长度均为 15 米，高 8 米，呈覆斗形，坐落在参天古柏和婆娑竹影之间。一对姿态雄威、雕工粗犷的汉代石翼兽相对而卧，忠诚地一如两千多年前那样，守护着张骞墓。墓前竖有三块碑，分别是"汉博望侯张公骞墓""汉博望侯墓碑记"和"张氏后裔"。其中，第一块碑是清末陕西巡抚毕沅所立。我想到了，黄河边上韩城司马祠前的碑石也是毕沅所立，陕西境内很多历史文化遗存点都有毕沅所立的碑刻。你我都应当记住毕沅这个名字。作为一位地方官员，毕沅不仅尊崇文化，更难得的是，还付诸行动，让中华优秀传统文化，在自己手里得以保护和传承。因为在职时的有为，所以他在历史中有位。

我亲爱的好朋友，在绕张骞墓三圈时，《史记》中的很多片断不由自主地又一次跳了出来——

最初，张骞获任郎官。在西汉官员的职级中，这是一个职位很低的官职。

一个偶然的机会，汉武帝从匈奴俘虏口中得知，西域有个叫大月氏的小国，国王被匈奴单于杀死，大月氏被迫西迁。新国王想报仇，但苦于无人相助。

于是，汉武帝发皇榜招募使者出使西域，联合大月氏，夹击匈奴。与其待在长安城里无所建树地老死，还不如趁着年轻去看看外面的世界。就这样，张骞揭了皇榜。

走出自家的门，天真大！

公元前 138 年的一天，汉武帝在未央宫为张骞一行百余人壮行。自愿归顺汉帝国的匈奴人堂邑父，成为这支队伍的向导和翻译。运气不好的是，当他们刚出河西走廊，就被匈奴的骑马队抓获，押送到了匈奴王面前。得知他们要出使大月氏，匈奴的单于一口否决：决不允许你们穿越我们的土地，去游说大月氏来攻打我们。

匈奴单于知道，张骞杀不得，就将他们一行人软禁起来。见各种软化、拉拢、威逼、利诱都无效，单于就将一个匈奴女子嫁给张骞。一年后，张骞有了儿子。他将儿子拥在怀里，虚心向妻子和看守自己的士兵学习匈奴的语言和风俗。

帐篷外的草青了又黄、黄了又青，天山上的雪落了又化、化了又落，时间的大河就这样无止息地静静流淌。

在很多匈奴人看来，这个会大块吃肉、大碗喝酒的张骞，早就忘记了过去的使命，成为一个地道的匈奴汉子了。

但是，只有张骞的匈奴妻子知道，她的汉人丈夫不仅全身心地留意着匈奴的风土人情，还偷偷地记下匈奴的风俗，画下匈奴的地图。他一直在等待，等待机会的到来。不过，她没有把这一切告诉其他人。

这天，趁匈奴士兵不备，抛妻离儿的张骞，身着胡服，带领随从，果断地逃出去了。经过又一番风餐露宿，艰辛跋涉，终于到达了大月氏。

然而，这时的大月氏百姓生活富足，住所四周水草丰美，早已淡漠了对匈奴的仇恨……

在劝说一年多无果之后，非常失望的张骞只好动身回汉。不料，他们在羌胡之地被匈奴骑兵所俘。单于再次赦免了他，还将他送回到妻儿身边，但监视的级别提高了好几个等级。

一年后，单于病亡。借匈奴内乱之机，张骞痛心抛下年幼的儿子，带着自己的匈奴妻子和堂邑父再次出逃。这次，他们终于回到了长安。

"出使西域的张骞回来了"，这消息像长了翅膀传得飞快。作为汉帝国出使西域的第一人张骞，顿时成了长安城臣民热议的焦点。连汉武帝也亲自走出大殿迎接，并扶着他走进宫殿说话。张骞向汉武帝如实报告了自己多年游历大宛、康居、大月氏、大夏四国的经历，并就葱岭东西、中亚、西亚地区的政治、经济、军事和文化等进行了详细的汇报。

他的汇报，改变了汉武帝单一打匈奴的最初想法，促使汉武帝把打匈奴和通西域两件事，并成一件大事来干。

他还告诉汉武帝，在大夏国时，曾看到邛山的竹杖和蜀地的细布在卖。一打听，当地人说那是从身毒地区转来的"进口货"。为此，他建议遣使南下，从蜀地的西南另辟一条直通身毒和中亚诸国的路线，以避免因通过羌人居住区和匈奴地区而遭遇万般苦难。

深受感动的汉武帝当场宣布，将张骞由郎官擢升为太中大夫，授予堂邑父为奉使君。朝中的其他文武将士，则争相邀请张骞去家中做客，听他讲讲外面的世界，说说在西域的所见所闻。

张骞这次出使西域，尽管没有完成最初的任务，却将汉帝国的威名和影响力带到了葱岭地区。张骞之后，不仅地处今天新疆境内的各个小国加强了与中原的联系，还直接推进了中国同中亚、西亚，甚至南欧的交往。张骞的这份西域考察报告，被司马迁忠实地记录在《史记·大宛传》里。

公元前 119 年，汉武帝命通晓西域环境的张骞为中郎将，率三百人、六百匹马，浩浩荡荡第二次出使西域。张骞到达乌孙国后，还派数十个副使分赴大宛、康居、大月氏、安息、身毒、于阗等国进行政治和贸易活动。这次历经四年探访，汉帝国将士们的足迹到达了西亚和中东地区，最远到达了地中海沿岸的罗马帝国。张骞作为汉帝国的使者，原本为寻找军事盟友而出使西域，没想到竟推开了东西方交流的大门。

我亲爱的好朋友，我还要插几句话，张骞打通丝绸之路，那么，织丝绸的丝是从哪里来的呢？应该是从陕西地方来的。1984年，有村民在陕西省石泉县谭家湾村的一段河沙中，发现了一件罕见的"鎏金蚕"。蚕体为红铜铸造，通体鎏金，蚕身长4厘米，重11克，腹围1.9厘米，从头到尾由9个腹节组成。其胸脚、腹脚、尾脚完整无损，清晰可辨，体态为仰头或吐丝状，制作精致，造型逼真。

"鎏金蚕"是西汉时期朝廷劝课农桑的最高奖励，这说明西汉时期陕南地区蚕桑丝业兴旺，能够为朝廷提供颜色鲜艳、花纹多样的丝绸织品。加之，谭家湾地处贯穿石泉南北的古子午道，而古子午道是古代西域丝绸之路的源头线之一。

公元前123年，张骞以校尉的身份协助大将军卫青征讨匈奴，汉军大获全胜。念及张骞两次出使西域的辛苦功劳，以及他西域知识的渊博，汉武帝破格册封他为"博望侯"。公元前115年，乌孙王派专人护送张骞回长安，随行的有乌孙使者数十名，献给汉武帝好马数十匹。此后，汉帝国的使者以"博望侯"的名义，开始频繁地往来于西域各国；同样，西域各国也向汉帝国不断派出使者。

我亲爱的好朋友，站在张骞的墓地前，我在想：纵览汉史，张骞历任郎官、太中大夫、校尉、卫尉、大行等职。他人生的高光时刻，一度被封为博望侯。放眼西汉的朝臣官员，数量之多，何止数千。但是，在千年风尘漫过后，张骞依旧熠熠生辉。

我亲爱的好朋友，站在张骞的墓地前，我在想：很多事情，是一抔黄土永远也无法掩盖的。张骞对社会、历史、文化、商贸等的贡献，连同他的人生价值，都是我用语言所难以表达的。说真的，面对张骞，我为自己表达的无力而感到深深的遗憾。

我亲爱的好朋友，站在张骞的墓地前，我在想：开通西域，对他来说绝对是一件很有挑战性的事情。他曾经历了无数次不被人所知的失败，尽管很难，但他始终不忘初心，义无反顾，勇往直前，终于取得了大的成就。这种坚毅的品格，值得你我共同学习。这世上，很多事物本来是没有定式的。你想成为一个怎样的人，很大程度上取决于你自己。这话，可能有些哲学的味道，似乎有些深奥了，但你要用心记住。也许，等明白这话含义时，你已经长大成人了。

希望你能成为一个坚毅的人，我亲爱的好朋友！

你最好的朋友

戊戌芒种于汉中

扫码收听

唐长安城大明宫遗址

位于今陕西省西安市未央区，是公元7至10世纪丝绸之路鼎盛时期东方起点城市唐长安城的代表性建筑遗存，见证了唐代农耕文明的繁荣发展以及唐王朝开放包容的文化制度。2014年6月，作为"丝绸之路：长安—天山廊道的路网"组成部分，成功入选《世界遗产名录》。

就想置身在其中

我亲爱的好朋友：

紧赶慢赶地赶过来，但我还是来迟了。那个曾经代表盛世大唐繁华巅峰的大明宫，早就湮没了。我只能在历史遗存的只言片语中，遥想着那久远的辉煌。

我亲爱的好朋友，你是知道的，大唐强劲的雄风，曾吹遍了当时的世界。我亲爱的好朋友，你也明白，我们脚下的城池，一度就是世界繁华的制高点。

1300多年后的今天，我拄着大明宫遗址这根拐杖，沿着时间的痕迹，带你重回千年前的现场，领略东方文明古老的辉煌。

早在 7 世纪时，长安城大明宫就是世界上规模雄伟、富丽堂皇的千宫之宫。在《含元殿赋》中，唐朝文人李华这样描绘了建造大明宫的宏大场景：成千上万的工匠带着巨斧，走进茂密的森林"择一干于千木"，只为寻求大明宫需要的栋梁，山谷里"势动连崖，拉风碎雷"，到处都是树木倒下的声音。正是千万劳动人民的辛勤劳作，才有了辉煌的大明宫。

唐大明宫是唐代帝王常住的主要宫殿，是当时的政治中心。大唐 21 位皇帝，有 17 人先后在这里办公，掌管着东邻日本海、西抵中亚的帝国疆域，使青春的东方帝国以空前的开放姿态，引领世界文明的航向。大明宫遗址公园，相当于 3 个凡尔赛宫、4.5 个故宫、12 个克里姆林宫、13 个卢浮宫、15 个白金汉宫，比纽约中央公园还要大 300 多亩。

让我们把思索的目光拉回来，再切入到现实的大明宫遗址公园来吧。我亲爱的好朋友，此刻，我正沿着龙首北路东行，在骆驼队伍群雕的注视下，穿过银台门，顺着宫墙快步前行。

在我的北侧，千年之前是大唐智库翰林院，现在是一大片的绿地，还有几株高大的树木，就像学富五车的翰林院大学士聚集在那里，围绕着国事进行交谈。在我的东北侧，曾是规模宏大的麟德殿，如今是密密麻麻的爬山虎，假如不仔细观察的话，很难发现在那些宽大而密实的叶片下，还有残存的台基。台基上，依稀可见破败的柱础和地砖。

麟德殿，是唐帝国宴请国外使节的地方。南行不久，有六匹银白色的高头大马迎面驰来，让人顿时想起那著名的大唐六骏来。与大唐六骏不同的是，六匹马的背上各坐着一位身形矫健的女子，她们清一色地左手引缰，右手执马球杆。人与马和谐统一，如一道银白的风景线，由远及近而来，宛如千年前的大唐女子马球仪仗队，正在接受君王的检阅。

看着女子马球队，我突然生疑：当年那些在宫廷宴会上翩翩起舞的女子，还有帝王身边那些温婉可人的侍女，她们都到哪里去了？

正这么想着，就看到她们以小品雕塑的形式，站在樱花纷飞的拐弯处望我。在景观之外，我也盯着她们看，瞧她们和我心中的大唐女子有什么不同。

路旁的牡丹花正在绽放，不时送来阵阵馥郁的花香。风过处，还带来些许西域香料的味道。

有一天，望着天空远去的飞鸟，印度诗人泰戈尔写下"天空不曾留下鸟的痕迹，但我已飞过"这样一句诗。套用诗人这话，唐长安城大明宫虽然已经消逝了，但却在大地上清晰地留下了来过的痕迹。

从"千官望长安，万国拜含元"之含元殿出土的方砖，光花纹就有莲花纹、莲蓬纹、菊花纹、蔓草纹、缠枝纹、团花纹、蝴蝶纹等几十种；在清思殿，仅铜镜就安装了3000片，还耗用了大量黄金箔和白金箔；在太液池南，出土的精致瓦当就有数十种；在三清殿遗址，出土了黄、绿、蓝三色琉璃瓦……

我亲爱的好朋友，所出土的那些精美的建材，就整个大明宫而言，顶多算个螺丝钉而已。那么，就让我们大胆设想吧，整座大明宫该是怎样的高大巍峨，气势磅礴！感谢诗人王维，他诗言："绛帻鸡人报晓筹，尚衣方进翠云裘。九天阊阖开宫殿，万国衣冠拜冕旒。日色才临仙掌动，香烟欲傍衮龙浮。朝罢须裁五色诏，佩声归到凤池头。"这番描述给我们生动定格了当时大明宫至极的灿烂。是的，九天阊阖开宫殿，万国衣冠拜冕旒。万国来朝的大唐，开创了我们这个文明国度对外开放的新高度。

行走在大明宫遗址公园，我想自己所呼吸的空气，也该和大唐王朝的空气是一样的吧。我好像看见穿着各种服饰、操着不同语言的胡人，或穿过炎热的西亚和中亚，或翻越西域沙漠瀚海，沿着著名的丝绸之路，长途跋涉一年多或两年多，带着各色各样的奇珍异宝，什么波斯的香料珠宝，什么西域的胡琴酒器，什么西方的宝刀良马等，来到心目中的长安城，走进东市西市林立的店铺，换取丝绸、瓷器、茶叶等。

然后，他们又沿着来路踏上归途，长安城和大唐帝国的美名，因丝绸之路而天下皆知。

除了商品，胡人们还将波斯的商业文明、恒河边的佛教文明、罗马城的阿拉伯文明，也一并带到了这座天下之都。长安城行走的人流中，胡商、遣使、质子、传教士、使者等各类丝路来客比比皆是。就连长安城的寺庙里，外国高僧此起彼伏的诵经声，也是响彻云霄。

长安城的臣民们，享受着国家开放包容的红利，过着富足悠闲高品质的国际化生活：在潮水般涌来的胡人们羡慕的目光下，他们从衣橱里找出翻领式胡服，骑马去酒肆饮用高昌酒，再伴随龟兹音乐的节奏，扭动腰肢跳那风靡的胡旋舞，当然，也可以约朋友去挥杆打打波斯传来的马球……

走在大明宫遗址公园，突然想起英国著名历史学家汤因比的那句——"如果可以选择，我愿意生活在中国唐朝"。和汤因比一样，我也想置身在其中，置身在中国的大唐时代，体验在世界轴心国家，作为一位小小子民的荣光。

但是，如果毕竟只是如果，历史是绝不可能随着人的意愿反转的。作为 21 世纪中国的一个公民，我们有幸生活在西安这座伟大的城市里，那么我们就要努力再努力，通过不懈的努力来改变自己，来顺应时代发展的滚滚洪流，为中华民族的伟大复兴，贡献自己的微薄之力。

　　我亲爱的好朋友，翻阅《旧唐书》《新唐书》等典籍文献会发现，大唐王朝为保证丝绸之路的畅通和繁荣，曾在大明宫发布了很多重要的决策和指令。比如，在西域地区设立州县、都护府、都督府、安西四镇、羁縻府州等军政建置，诸多命令都从这里发出。

　　假如没有了大明宫发出的政令，那么，丝绸之路将不会那么通畅。大明宫遗址公园，见证了丝绸之路鼎盛时期帝国的文明水平和礼制文化，也见证了唐帝国对丝绸之路的恢宏构建。

　　走出银台门时，一群大妈正在驼队广场上围成圈，踩着自带录音机播放的乐点，自由自在地跳着锅庄舞。看着她们欢快的舞姿，不知怎么的，我又想到了久远的胡商和跋涉的驼队，竟然有了一种穿越丝路的神奇感觉。莫非，她们是千年之前胡姬的后辈？

　　斗转星移，倏忽千年。

2010年10月1日，大明宫国家遗址公园建成开放。如今，这里已成为大西安迎接四海宾朋的会客厅。大明宫遗址公园离咱们家不远，等学校放假了，我一定要抽出一整天的时间，专门陪你到这里走走看看。

　　我相信，来到这里，你会有自己的新发现！

你最好的朋友

丁酉仲夏于未央

扫码收听

大雁塔

又称大慈恩寺塔，位于今陕西省西安市雁塔区，是7、8世纪为保存玄奘法师由天竺经丝绸之路带回长安的经卷佛像而建，现存塔为1604年修复。大雁塔所存石碑"大唐三藏圣教序"和"大唐三藏圣教序记"，佐证了大雁塔与丝绸之路佛教传播的历史。2014年6月，作为"丝绸之路：长安—天山廊道的路网"组成部分，成功入选《世界遗产名录》。

大雁塔为什么不长草

我亲爱的好朋友：

在西安现存成千上万的文物当中，由唐代皇室敕建的大雁塔，无疑是这个丝绸之路起点城市最有名的地标性建筑。

西安的市徽里，就有大雁塔的形象。作为西安的代表和丝绸之路的象征，大雁塔不仅出现在各种留念照片、明信片、火柴、香烟盒等寻常物品的包装上，甚至还频繁地出现在一些国际丝路主题会议的徽标中。

我亲爱的好朋友，每次见到大雁塔，我的内心都充

卷壹 陕西探源

盈着很多的感想，都会不由得想起你和大雁塔的两件趣事来——

在你刚刚学会说话，走路还不灵便时，爷爷、奶奶带你去大雁塔玩。你伸出肉乎乎的手指，仰头张望着蓝天白云，指着高耸入云的大雁塔，兴奋地叫："塔——，塔——"爷爷纠正说："大——雁——塔，叫大——雁——塔。"你呵呵地笑着奔东跑西，急得爷爷奶奶追东撵西，生怕你摔倒跌伤了。可能是被你的天真所感染，一位金色头发的外国阿姨快步过来，一把扶住险些要摔倒的你，用并不流利的汉语说："我可以和小宝宝合张影吗？"出于礼貌，爷爷和奶奶同意了那个老外阿姨的请求。一声"咔嚓"，定格了你和洋阿姨瞬间的笑颜。身后的大雁塔，见证了这中西交流的愉快一幕。

还有一件事，是在你幼儿园大班时，爸爸和妈妈带你去大雁塔，观赏"亚洲第一高"的音乐喷泉。在喷泉表演的间歇，你突然问我："爸爸，爸爸，大雁塔怎么光溜溜的，它怎么连草也不长呀？"说实话，直到现在，我还能感到当时的尴尬，因为我不知道答案。当时，我搪塞着说："也许因为大雁塔是由砖头建造的吧。"没想到，你当场反问："那城墙也是用砖头造的，怎么城墙上有好多地方都长草呢？"我现在已经回想不起来当时应付你的话了。但我清晰地记着，你那天

丝一路一家一书

一直噘着小嘴。任谁都能看出，那是你不满意的模样。

也许，你已经忘记这两段往事了。但是，不知怎么的，每次一见到大雁塔，这两件事就从我记忆的深处蹦出来，就像昨天才发生那样清晰。

我亲爱的好朋友，每次看见大雁塔，总有一种说不清楚的力量，在我心中升腾。很多时候，我都感到，眼前的大雁塔，并不是一座塔，而是一个人，是一种精神。每年暑假寒假，你都超级喜欢看 1986 版的《西游记》，简直是百看不厌。与别的小朋友大多喜欢孙悟空、猪八戒所不同的是，你超喜欢唐三藏。

我亲爱的好朋友，悄悄地告诉你一声，在我当学生时，也不由自主地迷上了《西游记》。那时候，因为家境贫穷，没有能力去买课外书，所以一直到考上大学后，我才读到全本的《西游记》。

现在，生活条件好多了。如果你真的喜欢，就从咱家书架上把它取出来，尽情地读吧。遇到不认识的字了，你想查字典就查。不想查，就结合文章前后语意，估计也能揣摩出个大概来。

我觉得，读吴承恩原著的收获，要比看电视剧强一百倍、一千倍。那种感受，怎么说呢？就好比自己嚼馍，满口都是

麦香。这种奇妙的感觉，是你吃别人嚼过的馍，永远也体会不到的。

我亲爱的好朋友，趁着现在正是读书的好年华，你就尽情地泛舟书海吧。年少时，一定要学会和纸质图书交朋友。这个好习惯，会在你的成长道路上，源源不断地为你提供各种所需的养分，而且随着年龄的增长，受益会越大。

和张骞不是第一个走丝绸之路的人一样，唐玄奘也不是第一个去西域求法的僧人。早在三国时期，就有中原僧人西行取经。初唐时，沿丝绸之路传来的佛教，在中国形成了不同的门派，每一派都说自己是最正宗的。

玄奘是个苦孩子，5岁时丧母，10岁时丧父，13岁剃度。后来的一个偶然机会，他和一位来长安的印度高僧交谈，得知天竺国那烂陀寺，是世界佛学的最高学府和中心。于是，就动了去印度求取真经的念头。

这样，就有了玄奘在28岁时"冒越宪章，私往天竺"的偷渡行动。他从长安出发，经秦州，过兰州，穿凉州，行甘州，跨肃州。为躲避官兵盘查，一路上日宿夜行，以至抵达玉门关疏勒河边时，所骑的白马都累死了，只得在当地买了一匹老瘦的红马。在方圆800里的莫贺延碛戈壁，漫天风沙将他随身的水袋刮到地上，救命的水洒了一地。

我亲爱的好朋友，你是知道的，在浩瀚的沙海里，一旦没有了水，就意味着生命会随时消失。

那一刻，玄奘动过扭头往回走的念头。

但是，他又想起自己发过的誓言：不到天竺不回头，宁愿朝西死，也不东回头而生。于是，继续西行，困乏到极点的他，竟一头栽倒在地。所幸，老马发现不远处有一片水草地，就把他拖到水边，这才救了他一条命。

重新活过来的玄奘，以常人难以想象的坚毅，躲官军，越沙漠，翻雪山，历劫匪，蹚流沙，过伊吾，走高昌，越天山，路过大大小小几十个国家，终于到达了那烂陀寺。

花开花又落，花落花复开。

贞观十九年正月二十五这天，玄奘在他出发后的第 18 个年头，带着佛舍利 150 粒、佛像 7 尊、657 部梵文佛经，终于回到了长安！唐太宗对玄奘沿丝绸之路西去的旅途很感兴趣，要求他把一路上的所见所闻记录下来。于是，就有了那本玄奘口述、弟子辩机整理的《大唐西域记》。

也许因为是周一早晨的缘故吧，大慈恩寺里的人流比往常少了很多。我站在西院的高塔之下，遥想着玄奘"亲负簧箕，担运砖石，首尾两年，功业始毕"建成这塔时的欢欣，感受着他强忍当年西行腿疾的折磨三更半夜起床翻译经书的安然，注视着佛塔门龛上太宗的《大唐三藏圣教序》和高宗的《述三藏圣教序记》，心想：两任皇帝为一个僧人的译著作序，这样的事情，无论古今还是中外，都应当是空前的。他历经九九八十一难的故事，被演绎成长篇魔幻小说《西游记》，已成为中国古典文学永恒的经典名著。

公元664年，玄奘走完了无悔的一生。他翻译的47部佛教典籍，在他圆寂之后，被安放在慈恩寺的这座塔里。不知是不是巧合，另有僧人传说玄奘活了64岁5个月，现在大雁塔的高度正好是64.5米。

我亲爱的好朋友，为回答你小时候的那个问题，我这次专门带了高倍望远镜，准备认真观察塔身，期待能给你一个理想的答案。

巨人般的大雁塔，矗立在寺中，七层磨砖对缝的青砖建筑，各层楼的四壁均开拱券门洞，塔体呈四方形锥体，由下而上按比例逐层收缩。

抬头仰望，整座高塔造型简洁，庄严古朴。

就在这时，你猜，我看见了什么？

我看到一个人从拱券门洞探出，一只手紧紧地抓住悬空的绳索，另一只手握着把大剪刀。他像高空作业的电工那样，把绳子盘在腰间。塔的底部，一人在拔古塔边沿的草，还有另外一人在塔下观测塔身上草的位置，并且不时地呼喊着，让上面的同伴调整位置。

"师傅，你们这是在做什么呀？"我问。

"除草。"仰着脸的师傅，干脆地回答。

"除草？那么高的地方，怎么会有草呢？"我接着问。

那师傅顾不上扭头看我，依旧仰着脸，解释说："小鸟吃了草籽、树籽，却没办法完全吸收，会通过粪便把种子带到塔身上。这些种子，一遇到雨水，就会生根发芽。如果任其自然生长，很容易胀裂塔身，所以要除草。"

大雁塔为什么不长草？原来，是这些除草人的功劳呀！

难怪我们看到的大雁塔，一直都光溜溜的。

我还打听到，给大雁塔除一次草，一般是五人一组：两人在塔内拽安全绳，一人在塔身除草，一人在塔下除草，最后一人在塔下协调。五个人中，最危险的是在塔身除草的人。整个人都暴露在塔外，因为既要除去杂草和小树木，又不能伤害塔身，所以只能用最原始的方法进行人工剪除。一年中，这些除草人通常要对大雁塔进行三四次的专业除草。当然，作为专业的除草人，除了大雁塔，他们还要给小雁塔、城墙等古建文物进行除草。

原来如此！

感谢这些除草人。因为他们的劳动，有效保护了古建筑，

我们才能看到这样美好的景致。

走出山门，在大雁塔南广场，高大伟岸的玄奘法师雕塑顶天立地。只见他一只手拿着禅杖，另一只手做佛仪，一如身后的大雁塔那般，定格在这片文明的大地之上。

离开时，我在想：大雁塔需要除草人的帮助，我们也需要"除草人"的帮助。当去除了身体和心灵上这样、那样的"杂草"，我们也能像大雁塔那样高颜值地向阳生长。

我亲爱的好朋友，如果不是分工明确的团队合作，任谁一个人根本完成不了给大雁塔除草这件高难度的事情。一个人无论多么能干，力量毕竟是非常有限的。可见，合作对于我们来说，是一件多么重要的事情！

相信在未来的日子里，你和小伙伴们会合作得很棒！

你最好的朋友
丁酉仲夏于大雁塔

扫码收听

小雁塔

又称荐福寺塔,位于今陕西省西安市碑林区,始建于公元707年,初为15级密檐砖塔,后遭多次地震损坏,又多次整修,现存13层,高43.38米。小雁塔所在的荐福寺,是唐长安三大译经场之一,佐证了佛教沿丝绸之路自印度东传的历史,也见证了佛教在唐长安的盛行。2014年6月,作为"丝绸之路:长安—天山廊道的路网"组成部分,成功入选《世界遗产名录》。

唐朝的风从楼下穿过

我亲爱的好朋友:

从西后地的老房子下楼,向北步行五分钟是朱雀门,向南步行五分钟是小雁塔。

我亲爱的好朋友,我今天要去参拜的是小雁塔和西安博物院。虽然我们已经无数次去过那里了,但你或许还没有真正明白,没有了解我们这座西安城的前世今生,没有了解唐朝的风是怎样从我们楼下穿过的。

我亲爱的好朋友,我们家北侧的明城墙是世界上保存最完整的古城墙。现在,一共有18个门。其中,南边7个:含光门、小南门(勿幕门)、朱雀门、永宁门、文昌门、

卷壹 陕西探源

和平门和建国门；东边 3 个：长乐门、中山门和朝阳门；北边 6 个：解放门、尚俭门、尚勤门、尚德门、安远门和尚武门；西边 2 个：玉祥门和安定门。咱家门口的朱雀门，是一座唐朝时就有的城门。

朱雀，是古时一种神鸟的名字。古人四方取象，苍龙、白虎、朱雀、龟蛇（玄武）。其中，朱雀是主南方的。所以，在隋唐时，朱雀门是皇城的正南门，朝廷常在这里举行庆典活动。除西市和东市外，朱雀门也是唐朝主要的商贸区。为方便市民和沿着丝路来的胡商购物或贸易，从那时起一直到现在，朱雀门平时都没有关过。

唐朝时，朱雀大街城区主干道宽 150 米，长 5020 米，从朱雀门向南延伸开去，经外廓城明德门，然后一条大路延伸至南山石砭峪。当时，朱雀大街是进入长安内城的唯一大道。每天，那些从丝绸之路来的外国使臣和商人们，都要先从明德门到朱雀门，然后才能进入长安城，觐见唐朝皇帝。

我亲爱的好朋友，我们家南侧的小雁塔位于荐福寺内。最初，也不叫荐福寺，改名字也是很早很早以前的事了。唐高宗去世百天时，皇亲国戚出于对他的怀念，也出于对窥视皇位的武则天进行警告，在开化坊修建了献福寺。690年，武则天改国号"唐"为"周"，自称是"神圣皇帝"。联想到几年前，皇亲国戚对自己的打压，她下令把献福寺改为荐福寺。

然而，世界毕竟是变化的。705年，武则天病亡。两年后，唐中宗在寺庙附近建造小雁塔。虽然塔形似大雁塔，但因塔身小，而且建造的时间比大雁塔晚55年，所以得名小雁塔。

有意思的是，小雁塔院子的山门是向北开的。不知是有意还是无意，这与正南面的荐福寺形成了对峙。千年之后，小雁塔还依旧挺立，而荐福寺却早已荡然无存。

和阳气旺盛、草木稀少的大雁塔景区相比，小雁塔景区内古槐高耸云端，绿地茵茵，清澈湖水点缀其间。在喧嚣的闹市中，秀丽朴素的小雁塔，能将这份清幽独存千年，真是个难得的盛景福地。

"咣——"

清脆悠扬的雁塔晨钟，漫过岁月，穿越时空，直抵人心灵深处最柔软的一隅。这悠远的钟声，想必是远道而来的游客，在为远方的家人祈祷平安吧。

我仔细地观察过，这口黎明而敲的大铁钟，上面书有

千余字；据守钟人讲，重达一万多斤。雁塔晨钟，只此一声，就完成了我们与唐朝那久远的对接。袅袅香火，恍若千年，依旧是唐时的庙宇楼阁。"噌吰初破晓来霜，落月迟迟满大荒。枕上一声残梦醒，千秋胜迹总苍茫。"清代诗人朱集义的这首诗，如今被镌刻在钟楼门边的四根木柱上。

从小雁塔的南门，随着螺旋状内梯，拾级而上。不用费很大的劲儿，很快就可登至塔顶。扶着护栏远眺，大雁塔遥遥在望，明城墙巍峨高耸，西安城尽收眼底。煦暖的阳光给这座伟大的城池，涂抹了一层别样炫目的光衣。

我记着，你第一次登塔后，不敢向下看，害怕风一吹，塔身会摇晃。待情绪稳定后，你望着头顶的蓝天白云，发了一会儿呆，问："小雁塔是不是老糊涂了，怎么不戴帽子呀？"你这稚气的问话，把周围的游客都逗笑了。

我亲爱的好朋友，小雁塔不是老糊涂忘戴帽子了，那是地震把塔顶给震坍塌了。小雁塔虽然身体被震残缺了，但却傲然挺立在天地间，你说它坚强不坚强！

你可能不知道的是，1300多岁的小雁塔，曾在地震中有过"三开三合"的经历。最为神奇的是，1487年陕西发生六级大地震，震得小雁塔肚子上开了个大口子，裂缝最宽处能过一辆马车。34年后，做梦都梦不到的事情发生了，地震又一次来袭，结果小雁塔肚子上的裂缝，在一夜之间居然给震合拢了。

小雁塔为什么震不倒呢？原来，聪明的古人在建塔基时，打了又深又大的实心锅夯土层，使上面的塔身像不倒翁那样，经受了70多次地震而不倒。

你知道，大雁塔是存放玄奘法师从陆上丝绸之路求取的佛教经卷的地方。与大雁塔不同的是，小雁塔则是存放义净法师沿海上丝绸之路求取的佛教经卷的地方。

义净法师是范阳人，自幼就仰慕法显、玄奘等法师穿越丝路取经。37岁那年，他终于得以从广州乘船，由海路取经。起初，几十人一同前往，但很多人嫌太艰苦，半途而返了。只有义净历经艰险后，到达了目的地。此后25年间，义净游历了位于中南半岛、南洋群岛、印度洋东部等30多个国家，带着400余部梵本经律论著回唐。从706年起，义净在荐福寺，先后翻译佛教经典32部、108卷。

因为义净，荐福寺成为唐代长安三大译经场之一，小雁塔也成为佛教在唐代长安传播的见证。绵延千年的丝绸之路，记住了那些追梦人的名字。无论法显、玄奘，还是义净，他们对理想信仰的追求，他们对中外文化交流、文明互鉴的探索，都让后世的我们心生钦佩。

走出小雁塔，西南角是西安博物院。博物院北侧的湖边，有园丁正用铁锨翻地。他的身后，是一大片刚刚翻好的土地，亮亮地闪着太阳的光泽。

突然间，我想问你一个问题：我亲爱的好朋友，如果把一粒唐朝的种子撒在那地上，你说会长出叶子来吗？

愿你健康成长！

你最好的朋友
丁酉夏至于碑林

扫码收听

兴教寺塔

又名护国兴教寺塔，位于今陕西省西安市长安区杜曲少陵原。兴教寺塔是唐代高僧玄奘法师及其弟子窥基、新罗弟子圆测的舍利墓塔，三座塔呈"品"字形排列，佐证了玄奘师徒共同翻译阐释佛经以及在东亚地区发展弘扬佛教的历史。2014 年 6 月，作为"丝绸之路：长安—天山廊道的路网"组成部分，成功入选《世界遗产名录》。

春风十里不如良师

我亲爱的好朋友：

从西安乘车出发，向南行半个多小时，巍峨逶迤的终南山就挡在眼前。这道横贯东西的巨大山系，浩荡绵延数百里，守护着古老的西安城。

人真是奇怪，在城里待久了，总想到山里去，沿着溪水的流向，踩着深林的小径，观山岩上郁郁生长的茂林，看山岩上茵茵如盖的杂草，听虫子嗡嗡唧唧的叫声，感受另一番快乐。甚至，什么也不做，就坐在草地上，凝神沉思，看天上的白云飘过来，又飘过去，飘过去，又飘过来。不觉间，那些积压心头的困惑和压力就消失了，一如头顶

卷壹 — 陕西探源

那顿开的云朵。

我亲爱的好朋友，你以后遇到什么不痛快的事情了，记着一定要先把心静下来。心一静下来，很多东西就烟消云散了。人生十有八九不如意，从小学会疏导情绪，对你的未来没有什么坏处。

在终南山，我不止一次遇到，或者说几乎每次去都能遇见一拨接一拨的人，云团样挤着向前，涌进山上。或许，在他们眼里，僧侣安身、修道、弘法的寺庙，也是静心、游览、凭吊历史的景点。

少陵原的半腰上，有一座与终南山相对而望的寺庙，远眺像个簸箕，悬靠在空中。这，就是大名鼎鼎的兴教寺。

兴教寺是大唐高僧玄奘法师的埋葬地。你一定还记得，唐玄奘是在太宗贞观年间，离开长安城一路向西，前往天竺国那烂陀取经的高僧。历经 18 个年头，他跋涉五万多里路，走遍当时丝绸之路沿线的 138 个城邦和国家，终于携带大量的佛教经典，回到了久违的长安城。回国后，玄奘先后在弘福寺、慈恩寺、西明寺、玉华宫等地，一门心思地翻译佛门经卷。

唐麟德元年时，积劳成疾的玄奘，在玉华宫译场圆寂。起初，他被安葬在浐河东岸的白鹿原上。那时候，空气的能见度很好。唐高宗每每在大明宫含元殿东望，一见墓碑就免不了睹物思人，暗自神伤，甚至垂泪。后来，人们就把玄奘迁葬到少陵原上，还建造了一座五层砖塔——"三藏塔"。

不久，人们在塔的周围建了一座寺庙。再后来，唐肃宗游览到这里，提笔写了"兴教"两个大字。肃宗的这个题字，显然有大兴佛教、教化民众的用意。此后，人们就把这座寺庙叫兴教寺，也叫大唐护国兴教寺。

玄奘在世时，曾收过一些徒弟，帮助他从事经卷翻译。当然，不是《西游记》里的孙悟空、猪八戒和沙和尚。在他的众多徒弟中，有两个非常有名，一个是唐初名将尉迟敬德的侄子窥基，一个是新罗王的孙子圆测。

窥基是长安人。贞观二十二年，成为玄奘入室弟子，先后在弘福寺、慈恩寺伴随玄奘，成为翻译经卷的主要助手，翻译了多部经卷。窥基在慈恩寺圆寂后，人们将他葬在玄奘塔右侧。

圆测是新罗人。贞观年间来到长安，佛学造诣很高，武则天还曾邀他去东都洛阳讲经论道。圆测在洛阳圆寂后，弟子就将他的部分遗骨带到长安。再后来，人们把他葬在玄奘塔的左侧。

一个夏日的下午，我观瞻了坐北朝南的兴教寺。整座寺庙，由殿宇、经楼和塔院三部分组成。中轴线上的殿宇，依次为山门、钟楼、鼓楼、大殿、法堂和卧佛殿，大理石方砖将这些建筑连为一体。进东院门偏门，可见一座雕梁画栋、飞檐斗角的二层藏经楼，一层陈列有玄奘的画像和书画，二层藏有五藏大藏经，数量甚丰，达万卷之多。难得的是，这里珍藏着数片举世罕见的巴利文贝叶经，是寺中之宝。

站在经楼上，远眺终南山，诸峰林立，一字排开；近看古木参天，花竹茂盛，幽静雅致。好一个"禅房花木深"的妙处！

从西院偏门进入后，可见玄奘师徒一大两小三座塔，呈"品"字形，耸立于苍柏翠竹间。23米高的玄奘塔，是一座仿木结构五级砖塔。塔底北壁上，有唐文宗开成四年时刻的铭文，记录了玄奘的生平事迹。塔底的南壁上，有一拱形洞，内有玄奘塑像一尊。玄奘塔的左右，各有一座形式略同，但形体较矮小的砖塔，右为窥基的"基师塔"，左为圆测的"测师塔"。

我亲爱的好朋友，面对三位法师之塔，我不知怎么的，竟然想到了师爱。是的，师爱！我们每个人，赤裸裸地来到这个世界，除了在家里接受父母的爱，还会在学校里收获师爱。作为弟子，窥基和圆测无疑是幸运的，他们遇到了好老师玄奘。春风十里，不如良师。对两位弟子来说，这真是一桩人生乐事。

时间过得真快，不觉间已近黄昏。在夕阳的余晖下，我久久地注视着这三座"品"字形师徒塔。在他们朝夕相处的译经过程中，一定有着许多传道授业、互敬互爱的生活轶事，也一定有过一些没被历史记载的激烈辩论吧？但是，我同时也想到，他们三人的内心一定是快乐的。在这个世界上，还有什么事情，比给人传授知识更好呢？知识，是为师者给弟子们搏击蓝天的翅膀，帮助他们认识世界的辽阔和精彩。

用心感受和铭记师爱吧。我亲爱的好朋友，是老师引导我们从幼稚走向成熟。记得一次在学校午休时，你的顽皮发作了，就是不睡觉，被老师批评了，还哭个不停。结果，老师把你妈妈叫到学校去"告状"。老师的做法，一度让你感到难为情，甚至还让你在心里产生了小小的怨气。我亲爱的好朋友，你应该高兴才对。"松是害，严是爱"，不是有这么一句话吗？你应该明白，老师对你的严厉，是一种特殊的爱，是那种恨铁不成钢的爱。还记得去年国庆，在你外婆家，去山上摘五味子，路旁的一株刺挂住了你的衣服，你当即很小心地拿掉那根刺，继续向前走。那次，你做得很对。只有愚蠢的人，才会待在那里生刺的闷气呢。每个人的身上，都有很多缺点，这些缺点就像那刺一样，老师的责任就是教会和帮助我们，一根根地拿掉那些缺点。感谢那些关注爱护你的人，尤其感谢那些指出你缺点和不足的人！

长安当地的朋友告诉我，兴教寺的镇寺之宝是感应舍利子。据说，1930 年秋天，爱国将领朱子桥奉命来陕赈灾，在兴教寺礼塔时，突然从空中掉下两颗舍利子，此事被传为一时佳话。我边走边听，突然感到什么东西落在手上。心想，难不成也有舍利子掉下？定睛看过，不觉哑然失笑。原来，是一只鸟从塔顶飞过，排下的粪便，正巧掉到了我的手上。

夕阳渐起，暮气悄升，兴教寺显得更加肃穆了。

带着留恋不舍的心情，离开兴教寺时，我问自己佛是什么？佛，应该是困境中的人给自己亮起的一盏思悟的明灯，给自己树在心里的一种前进的信心。没有人告诉我，这个答案对不对。

我亲爱的好朋友，从来没有谁一出生就是天才或通才，我们只有抱着开放虚心的态度，多多地从书本、从老师、从别人身上汲取好的知识养分和人生经验，珍视别人的意见、建议，才能不断丰富和充盈自己。

祝你每天能有新的感悟！

你最好的朋友

丁酉暮夏时节于长安

扫码收听

彬县大佛寺石窟

位于今陕西省彬州市城西大佛寺村清凉山下，建于唐贞观二年，原名庆寿寺，是中国现存初唐时期和盛唐时期规模最大、最为精美的石窟群之一。其唐代泥塑大佛为长安及周边地区规模最大，体现了石刻大佛艺术沿丝绸之路自西域东传及在关中地区的盛况。2014年6月，作为"丝绸之路：长安—天山廊道的路网"组成部分，成功入选《世界遗产名录》。

把天顶得咯吱吱

我亲爱的好朋友：

公元628年，也就是在玄奘西行的第二年，那些沿着丝绸之路北路迈向中原的胡商们，在经过跋山涉水的苦旅后，远远看到清凉山依岩而凿的那尊大佛，不由得仰望碧空，虔诚地双手合十，从腹底长长地舒出一口气：老天保佑，长安近了！

我亲爱的好朋友，在千年之后的一个早晨，从彬州市沿312国道西行十多公里，我就来到了大佛寺的门前。

彬州是一个古老的地方，3500年前周族的首领公刘，在此建立一个叫"豳"的小国。在你喜欢的《诗经》中，《豳风》部分所描绘的，就是这里的风土人情。

清凉山下，泾河长流。大佛寺全寺，因山起刹，依崖凿窟，百余孔洞窟，错落如蜂巢，迤逦300多米。现在的大佛寺，距312国道很近。当地的朋友说以前离路更近，几乎是贴在一起的。为了保护大佛，修国道时，施工者把路专门向外平移了三五百米。

进入山门，快步登上三四十余级台阶，站在观景台上，我急切地想与大佛"面对面"。我为什么会这么急？因为昨晚我在做准备时，看到一份资料，说大佛可能是依据唐太宗李世民的容貌凿建的！

我看到了，我果然看到大佛了！

一尊20米高的大佛，巍然端坐在一个半圆形的巨大佛龛里，给人以透彻心扉的冲击力。抬头仰视，大佛袒胸披衣，宝蓝色发髻，双眉细修弯曲，眼帘低垂，两耳垂肩，脸型方阔，颧骨微凸，鼻直口阔，左手着膝，右掌举于胸前，掌心向外，腰系佩带，全身上下透出别样的威严与慈祥，整个造型肃穆端庄，雄伟传神，令人震撼而又屏息。侍立在大佛两侧的，是观世音菩萨和大势至菩萨，两位菩萨都身高15.6米，头戴宝冠，身着华丽缨珞，神态异常恬静。

为什么人们会说大佛是以李世民为原型塑建的呢？这

中间有个故事。唐高祖武德元年时，伊吾王国元帅薛举进犯泾州，还是秦王的李世民率领官兵前去征战，双方相持，难分胜负。后来，李世民因生病回长安。唐军将领殷开山与薛举在浅水原展开激烈会战，十万将士中有六万战死。就在薛举要带兵马征战长安时，却突发疾病死了。李世民康复后重回前线，与薛举之子率领的人马相持了 60 多天，最后双方再次在浅水原一决胜负。这次，唐军大获全胜。为纪念战死的将士，李世民决定在此造大佛建寺庙。彬县是过去的旧称，2018 年 5 月，经国务院批准，彬县撤县改为县级彬州市。

我面前的这尊大佛，是陕西第一大佛，也是中国的第三大佛。因为有了这尊顶天立地的大佛，当地人便流传出了一句"彬县有个大佛寺，把天顶得咯吱吱"的民谣。

"把天顶得咯吱吱"，我太喜欢这句话了。简简单单的几个字，传出了万斤之力，透出一股自由自在向上生长的结实感，有一股西北汉子高唱信天游和花儿的激情与豪气。无论做什么，只要肯拿出"把天顶得咯吱吱"的勇气，就没有干不成的。

在小龛上，有人发现了"武圣皇帝平薛举时所置也"等字句。再后来，又有人在大佛背光左下角内外匝相交处，发现了一行竖写的铭文：大唐贞观二年十一月十三日造。我推测，可能是这些文字的发现，让那些相信大佛是以李世民为原型而塑的人们，自以为找到了时间证据。

据说，还有追捧者将这尊大佛与《步辇图》中唐太宗的形象进行了比对，发现还真有那么几分相似之处，尤其是大佛眉宇间透出的阳刚之气和霸王之气。于是乎，传说就传得更加神乎其神了。

我亲爱的好朋友，你想，大唐时的中原汉子，既受汉文化的熏陶，又有少数民族的剽悍之风，眉眼间自然就会流露出阳光、果敢、自信、勇武的气质。所以，后人难免就会派生出将这尊大佛和唐太宗关联的传说。至于传说的真假，早已不那么重要了。大凡传说，都寄托着人们对美好生活的向往，表达着某种现实中难以圆满的诉求。

我亲爱的好朋友，你知道，从东汉开始，佛教沿着丝绸之路传入中原，在南北朝时形成高峰，至隋唐时达到鼎盛。这些历经千年风雨，能够幸运保留下的众多佛教石窟，生动地再现了千年丝绸之路的独特魅力。

突然，我的头脑胡思乱想起来。你说，假如让这大佛走下神坛，来到柴米油盐酱醋茶的现实生活中，又会演绎出怎样令人啼笑皆非的故事呢？

我亲爱的好朋友，我曾向你推荐过鲁迅先生的小说集《故事新编》。在那本书里，鲁迅先生让女娲、嫦娥、后羿、老子、孔子等神话人物和先贤圣人走进现实生活，发生了不少荒诞的故事。

这就是想象的力量！

要保持想象力的鲜活，你得多读这方面的书，像远一些的《山海经》《搜神记》，像明清时代的《封神演义》《西游记》《聊斋志异》，像当代的《三体》《盗墓笔记》等。除了中国的，你还应该读读外国的，像《八十天环游地球》《哈利·波特》等。当然，你也可以通过观看一些科幻类的影视作品，比如《阿凡达》《机器总动员》《银河护卫队》《变形金刚》等，为你想象力的提升，增加不少的分值。

我该怎么和你说呢，我亲爱的好朋友，还是打个比方吧！大凡矿藏上，总覆盖着厚厚的尘土，长满横七竖八的杂草，矿工们只有穿过地下的岩石和黑暗，通过流汗甚至流血的代价，才能最终将矿藏挖掘出来。人的想象力就像矿藏，需要用思想的武器来开掘。要保鲜好自己的想象力，你需具有打深井的耐性。我希望，你的想象力永远不要泯灭，像古人讲的那样，"思接千载""视通万里""神与物游"。希望你今后能在有限的篇幅里，呈现无限的新奇，让现实生活在你的笔下生出花来，带领读者进入到想象的艺术世界。

让我们的思绪，再回到大佛身上吧。我注意到，大佛身后的光环上刻绘的花纹，既有火焰纹、花卉和卷草纹图案，还有很多飞天伎乐和坐佛形象的浮雕。同行的一位美术学博士告诉我，从窟内佛龛众多小坐佛的造型、服饰等来看，有着很明显的北周造像的特点。他推断，这些造型更像是在武则天执政时雕造的。

他的理由是，早期的中国佛像雕刻，有着浓郁的"胡貌梵像"印度化风格。后来，北齐的曹仲达追求人物"曹衣出水"的风格，追求让人物的衣纹紧贴身体，好像刚从水里出来那样的效果。再后来，画圣吴道子创立"吴带当风"的绘画风格，追求让人物的衣纹飘扬起来，从而显得画面格外流畅生动。

说完这些我不太懂的美术理论后，这位美术学博士高兴地说：处于丝绸之路北道的彬县大佛，是佛教艺术自西域传到关中地区的重要遗存，应该建造于佛教艺术从印度化转向中国本土化的时间节点上。事实上，不少国外游客以"东方维纳斯"来赞誉彬县大佛。

这时，钟鼓声响起来了，先是一声很低沉的重音，接着又是一声比较轻的脆声。钟声裹着僧人们诵经的韵调，连同晨光，弥漫成一团。很多人跪在大佛的脚下，祈求风调雨顺，祈愿生活美好……

　　绕过二层的明镜台，再转一个弯，就是千佛洞。看到洞中的弥勒佛像时，我有了一种被颠覆的感觉：这弥勒佛，居然不胖！在我的印象里，弥勒佛永远是那个袒胸露腹、手持念珠、喜眉乐目、四处结缘的大肚和尚。而我眼前的这尊弥勒佛，虽然也是手扶膝，脚上也踩着莲花，可就是不胖。这，怕是大佛寺的一个神奇所在吧。

　　环顾四周，我在有限的空间里，感受到了无限的美。大佛寺的很多雕塑，都散发着古印度及西域纹饰、造型的独特之美，美得让人心醉。或许，这个廋版的弥勒佛，就是他原生态的写照吧。这个千佛洞，也是佛教通过丝绸之路传入中国的一个见证吧。

　　只有真正地走近了丝路，了解丝路的历史文化，我们才会更加热爱丝路，才会真正读懂中国。我亲爱的好朋友，这也是我这些天来探访丝绸之路陕西段世界级宝贝的一个心得。

　　我亲爱的好朋友，读了写给你的这些文字，你是怎么想的呢？你能在紧张的学习之余，抽时间把那些想说的话写出来吗？如果课业太重，就不要写了。待日后见面，再说给我听也无妨。

　　祝你今夜做一个富有想象力的好梦！

你最好的朋友

戊戌暮夏于彬州

扫码收听

卷 贰

河南
探踪

汉魏洛阳城遗址

位于今河南省洛阳市区东部，代表东汉至北魏历代中原王朝的文明与文化特征，见证了北魏时期游牧民族与农耕民族大融合所促生的独特城市文化，展现了佛教在中原地区的传播和本土化过程。2014 年 6 月，作为"丝绸之路：长安—天山廊道的路网"组成部分，成功入选《世界遗产名录》。

请君珍惜今日时

我亲爱的好朋友：

　　乘高铁中午抵达洛阳后，把行李放进酒店，在楼下小吃城就着豌豆饼匆忙喝了碗"不翻汤"，我就搭车直奔洛阳市区东部了。

　　车行十余公里，到达了中国第一座佛教寺庙——洛阳白马寺。我亲爱的好朋友，白马寺的修建，和丝绸之路有很大的关系。你是知道的，汉武帝派张骞凿空西域之后，中原才与西域开始正式交往。但是后来，随着西汉政权的衰落，丝绸之路一度中断了。

　　公元 25 年，刘秀建立东汉政权时，匈奴不仅重新掌

卷贰　河南探踪

控了西域，还经常出兵侵扰东汉的边境。一直到公元73年，东汉王朝才攒够了可以对抗匈奴的实力。

于是，朝廷派班超从洛阳出发，再次出使西域，恢复了中断58年的丝绸之路。公元97年，班超派手下甘英出使大秦，也就是后来的罗马帝国。汉政权将这条路延伸到了世界的另一端，连接了那个著名的罗马帝国。

公元166年，大秦安敦尼王朝的使者出现在了中国。商队连绵的景象，再次呈现在万里丝绸之路上。

顺着这条丝绸之路，尊崇佛教的东汉明帝刘庄，还特意派人"西天取经"。因为佛经、佛像等是用白马驮来的，所以他就敕建了这座白马寺。

我之前曾来过白马寺，知道里面有座齐云塔，开创了中国塔类建筑的先河。我还记着，那塔的奇妙在于——站在塔外20米远处拍手，塔里会发出青蛙鸣叫般的呱呱声。为什么会这么神奇？我还没有找到答案。

沿310国道从白马寺东侧路北行，很快就进入洛龙区与偃师市、孟津县相毗连的伊洛平原。南临洛水，北靠邙山的汉魏洛阳故城，就藏在伊洛平原中心的地下。

我亲爱的朋友，你没有看错，是故城，而不是古城。

你别看这两个词中，"古"和"故"的读音接近，但意思却大不一样。古城，大多指那些历史悠久、文化璀璨的城市，虽然很古老，但至今仍具有生命力，比如西安、洛阳、北京、南京等。而故城所指的城市，大多已失去了生命力，成为没有人类居住的废墟、遗址，大多沉睡在土地之下，是那些曾经辉煌过的遗存。

你也可以这样简单地理解，古城是现在还有人使用的、活着的城市，故城是现在没有人生活的城市遗址。倘若你在古老的丝绸之路上行走一圈，就会发现有很多故城存在，它们如今都是世界的超级大宝贝。

汉魏洛阳故城遗址，总面积一百多平方公里，比三个澳门特区还要略大一些。历史上，东周、东汉、曹魏、西晋、北魏等五个朝代，都曾在这里建都。

和兵马俑一样，这座故城也是由当地农民发现的。

1922 年冬，白马寺附近一位村民在刨挖药材时，偶然发现了曹魏《三体石经》的碑石残块。那些刻有文字的石碑，引来了文物商贩的兴趣，被媒体广泛报道之后，进而引发了整个社会的关注。再后来，考古专家发现了地底已废弃千年的故城。因为东周距离现在太遥远了，所以关于东周城的考古资料至今还没有找到，人们就称这里为汉魏洛阳故城。

时光挥了挥巨大的手掌，那些宏大城阙、巍峨宫殿，就全部化为了烟云。顶着烈日，几位农人正在玉米株行间锄草。仔细观察一会儿，会看到他们的额头、脸膛、臂膀上都湿漉漉的，银子般亮堂的汗水一滴滴地落下，悄悄地落在广阔的大地上。这片迷人的青纱帐，一直绵延至远处那段东西方向的土坡，让人生出一种望也望不到头的苍茫感。

故城的遗址，就静静地躺在那里。

向导说，我们的脚下是北魏宫城的正南门——阊阖门遗址。站在遗址前，看昔日的宫殿已夷为平地，都种上了绿色的庄稼，诸多感受顿时从心头涌起。《诗经·王风》中那首《黍离》，就自然而然地从记忆的库存中跳出："彼黍离离，彼稷之苗。行迈靡靡，中心摇摇。知我者谓我心忧，不知我者谓我何求……"

仿佛穿越了一次历史时空，我又想起这座故城的很多沧桑往事：东汉末年，董卓一把大火，将这座用了160年的东汉国都化为灰烬；30年后，曹操一次又一次地大规模重建，恢复了这座城的荣光；西晋末年，刘曜依旧是一把大火，让好不容易得来的90年繁华烟消云散。在此后的180年里，北魏孝文帝迁都这里，他在废墟旧址上重建宫阙，筑外郭城，还建造了一座城池。后来，北魏一分为二，东魏迁都时，竟然将洛阳城的宫殿全部拆掉，把建筑材料运往那个叫邺都的新都去了。再后来，几百年的战火连绵不休，雄伟的宫殿就这样化为废墟。最终，还原成现在这片孕育万物的农田。

我亲爱的好朋友，这座故城，这座毕竟存活了1500多年的故城，在与时间风雨的对抗中，给我们留下了太多的历史痕迹。

在向导的带领下，我们的车，在邙山与洛河间，从南到北，又从东到西，一路走来。透过那沉睡千年的安详，我还是触摸到了那股曾经汹涌澎湃的气息：断断续续的古城垣、高大的灵台遗址、壮观的永宁寺塔基，依稀投射着当年的帝都气派……

站在一处高地上，向导转过身子，用舞动的手臂告诉我们：西南角是北魏永宁寺遗址，北面是北魏的内城和宫城，西北角是魏明帝所筑的金墉城，东北方是北魏洛阳大市的遗址。再向南，过了洛河，依次是东汉的太学、辟雍、明堂和灵台，那是故城的礼制教育区。

受洛河河水的长年冲击，北魏内城垣的南垣已经没有了，地面上断断续续地残留着东、西、北三面墙垣。走近细看，夯土版筑的墙垣上，还保留着一排排夹棍留下的痕迹，像是乡村中谁家盖土房，一帮村人施工后留下的。

让人惊喜的是，考古专家在宫城阊阖门外地表七八十厘米处，发现了三国魏明帝时修建的铜驼大街。作为一条轴线大街，铜驼大街由规整铺砌的红砂岩石板修成，上面还有清晰的车辙痕迹。

我想，这该是胡商的骆驼队、马队积年碾轧造成的吧。红砂岩石板厚约 10 厘米，石板下有鹅卵石土层，再下则是夯土，显然，这是一条标准化的国家级迎宾大道。直到今天，很多城市新修建的道路，都跳不出铜驼大街的建造套路。

在当地，人们把对故城久远的怀想，留存在很多村庄的地名之中。比如，偃师市佃庄镇的太学村，就坐落在汉魏太学遗址上。太学是古代中国的最高学府，鼎盛时曾有学生 3 万多人。发明地动仪的张衡，撰写《汉书》的班固，研究《论衡》的王充，还有著《说文解字》的许慎等，一大帮很牛很牛的人，都是太学的优等生代表。再比如，当地人把孟津县平乐镇金村村南的高台叫"金銮殿"，把再往南的那片高地叫"午门台"。后来，考古证明："金銮殿"是皇宫正殿太极殿的遗址，而"午台门"则是皇宫正门阊阖门的遗址。

当地村民真有福气，他们住在当年的皇宫后花园，劳作在曾经的大内禁地。这片土地，不仅有文化，还能一脉传承，真好！在为故城附近人们感到高兴的同时，我想到了中国传统文化继承与扬弃的问题。你曾经向我抱怨，我们国家上下五千年，历史太悠久太璀璨了，以至古人给我们留下的知识，总是学也学不完，记也记不完……

我亲爱的好朋友，我想告诉你的是，为什么现在我们的文化和精神是这样而不是那样，从古人留下的宝贵遗产中，可以找到答案。对待祖先们留下的遗产，我们要像进入超市那样，一定要学会精心挑选自己需要的东西，绝不能一股脑地往购物车里放。

我有时也在琢磨，中国的传统文化，说白了，就是儒释道文化。等你长大后，只要对照着看过十本以上中国人和西方人的经典著作后，就会体悟出这样一个结论：中国人的文章里，藏着仁爱的精神养分。所以，我们尊称好文章是"道德文章"。意思是说，那些好文章里面，闪耀着亘古不变的爱的光芒，蕴藏着我们做人做事的道德底线。事实上，一代代中国人的情感，乃至思想，就是在阅读这些道德文章中形成的。所以，我亲爱的好朋友，你要趁着现在的大好年华，多读书，读好书。

站在这片黄土地上，面对这块完整的遗址，我感觉自己仿佛在面对一块时间的化石，面对凝固了一两千年的历

史。一想到那么多悠久的历史和灿烂的文化，都被埋在黄土和荒草下面了，我很为时光的易逝和人生的短暂而感慨。真的，我们这一生，总是匆匆又匆匆。一个人的一生，想要干成一半件能让子孙记住的事，真的很难。所以，我亲爱的好朋友，我们都要珍惜啊！

时光带走了很多，也留下了很多。这片土地上所发生过的，那些叱咤风云的人物，那些荡气回肠的故事，那些传承千年的精神，依然在历史的深处，闪烁着熠熠的光芒——

光武帝刘秀的姐姐湖阳公主，家里有个奴仆仗势杀了人，却得到公主的包庇。洛阳令董宣拦下公主的轿子，将那个杀人的奴仆正法。刘秀听说后，封董宣为"强项令"。

三国时，曹植面对同胞哥哥曹丕的残害，平静地吟出"本自同根生，相煎何太急"，即著名的《七步诗》。

"竹林七贤"之一的嵇康，因得罪权贵被押到汉魏洛阳城建春门外牛马市处死，临刑前从容奏响《广陵散》，留下千古绝唱。

一个落雨的秋天，饱读史书的司马光，走到了这废弃的汉魏洛阳故城，心生万端感慨，吟唱出这么一首诗："烟愁雨啸奈华生，宫阙簪裳旧帝京。若问古今兴废事，请君只看洛阳城。"

请君只看洛阳城，这句诗妙不可言！

我亲爱的好朋友，漫步在汉魏故城之上，遥想曾经商贾云集的繁华昌盛，耳边回响着铜驼大街的驼铃声。转瞬间繁花落尽，只有深沉的土地还在。脚下的大地上，玉米、小麦正在自由地生长、成熟、开花、结果，就像这片土地曾经孕育的文明那样。

所以呀，我亲爱的好朋友，无论你昨天取得了怎样的辉煌，那一切都已经过去了，千万别沉湎于过去的功劳簿。

无论做人，还是做事，珍惜好现在，把握好眼前，这是汉魏洛阳城遗址给我的最大启示。

怀想逝去的昔日辉煌，请君只看洛阳城。

创造未来的美好生活，请君珍惜今日时！

你最好的朋友

丁酉小暑于洛阳

扫码收听

隋唐洛阳城定鼎门遗址

位于今河南省洛阳市洛龙区，现存有定鼎门门址、城墙遗址、天街遗址、里坊遗址、水系遗址等遗存。定鼎门遗址见证了东方鼎盛时期帝国的文明水平，展现了唐代都城城市文化的礼制特征及其影响力，并与丝绸之路上繁盛的商贸往来具有密切关联。2014 年 6 月，作为"丝绸之路：长安—天山廊道的路网"组成部分，成功入选《世界遗产名录》。

一枚驼迹的前世今生

我亲爱的好朋友：

　　一提起丝绸之路，我的头脑里就不自觉地浮现出一队骆驼，穿越黄沙翻滚的漠海的画面。我不知道，说到丝路，最先跳进你脑海里的意象是什么？也许是我真的年纪大了，头脑中那只叫想象的鸟儿，不知什么时候扇着翅膀飞呀飞呀飞远了，我的思维被惯性严重定势了吧。

　　在宁夏中卫和甘肃敦煌，我曾骑过两次骆驼，两次骑的都是灰黄色的骆驼。骆驼载人时，先将两只前掌前倾，然后脚踝跪地，接着双膝弯曲，骆驼高大的身躯顿时就矮了很多。在前半部分躯体低下后，骆驼的后腿及后半部分

卷贰 — 河南探踪

躯体接连着跪下，就在跪下的一刹那，四条腿上的关节同时把力量卸掉，在看似像要折断的瞬间，很自然地整个身躯全部着地了。等人跨到背上后，骆驼的前后四条腿，同时用力站起。站起后，却并不急着走。先摇几下头，再用厚厚的舌头，在宽阔的嘴巴里打几个圈，一股股充沛的生命之气，随着呼噜呼噜的声响，很快在周围弥漫开来。骆驼头部的晃动，带来一点儿风，浓密的长睫毛动了起来，脖下那长长的须毛，也随之飘动。如同接到出征号令的士兵，面对滚滚的沙漠，从容快速地行进到战场中去。

你是知道的，我亲爱的好朋友，古代骑兵在陆地上，主要以马匹为战斗工具。但是，在我们赖以生存的地球上，陆地面积中有三分之一是沙漠和半荒漠地区。沙漠里到处都是软软的沙子，人的脚踩上后，很容易被陷进去。但骆驼的脚掌因是扁平的，脚下长着一层又厚又软的肉垫子，这种特殊的脚部生理结构，使得骆驼能在沙地上行走自如。于是，骆驼就成了马的替补，承担起驮运和骑乘的职责。世界上现有的骆驼，分为双峰驼和单峰驼两种。其中，双峰驼主要生活于东亚和中亚，单峰驼则分布在北非、西亚、印度等地的热带沙漠区。

为了满足常年在沙漠中负重行走的需要，骆驼长着一个很大的能储水的胃，高耸的驼峰里藏着丰富的脂肪。这种特殊的器官，使骆驼能够在没水的情况下生存三周，在没有食物的前提下也能生存一个月。在那个曾经打下大半个欧亚大陆的成吉思汗的蒙古铁骑军团里，就有一支特殊的骆驼军。先行的士兵们，骑在背驮两面大鼓的双峰驼上，把前方的信号用鼓声传递给后方的指挥官。蒙古铁骑所到之处，所向披靡，以至于西方人惊呼他们是"上帝之鞭"！

坐在骆驼结实的脊梁上，面对四周望不到边的漫漫沙海，就像坐在一艘行驶于沙海的小船上，有一种特别的安全感。也许是因为很多人骑骆驼都会有这种感觉，人们大方地送给骆驼一个美誉——"沙漠之舟"。

前些年，因为写作《秦商史话》，我曾经翻阅了很多古代文献。但是，在先秦时期的记载中，我没有发现有关骆驼的记载。我亲爱的好朋友，我想，那时候丝绸之路还没有开通。而骆驼，应该是丝绸之路之后，随着中原和西域交流的密切，才出现在中原人视野里的。在中原大地已经发掘的北魏至隋唐的很多墓室中，出土了很多骆驼俑、胡人俑、唐三彩等文物。这一时期，骆驼的数量骤然增多。这能说明什么呢？说明当时骆驼已经常往来于丝绸之路，包容的汉唐政权已经接纳了骆驼这个舶来品。

我没有想到，做梦也不会梦到，在洛阳定鼎门遗址城墙门道前，居然会看到一枚千年之前的骆驼脚印！

指着一个直径 20 厘米大小，外形有些不规则的圆形，导游说："这就是六号标记，是一枚骆驼蹄印。大家看，还很深，很清晰……"据说，为了印证这脚印是骆驼的，当地的文物工作人员特意向动物学专家求助。对照了骆驼的脚印与遗址上的脚印，动物学专家最后确认：遗址上的蹄印就是骆驼蹄印！

被发现时，这枚驼迹躺在一条南北走向、宽 90 米的唐代路面上。在它的四周，考古专家还清理出了密集的动物蹄印、人的脚印，还有数十条古代车辙印迹，车轨的间距是 1.25 米，车辙很密。

唐朝时期，丝绸之路成为中原和西域政治、经济、商贸交往的重要通道，商人们用骆驼把西域的玉器、马匹、玻璃制品、彩色颜料等运到中原，把中原的丝绸、茶叶、大米、瓷器和珍珠等运往西域。

这枚驼迹，应该就是某个胡商驼队顺沿丝绸之路，到达中原后留下的不灭印记。

那么，这枚驼迹是怎么一直保留到现在的呢？

答案，还要从定鼎门的历史说起。

在隋大业二年，定鼎门正式启用，隋炀帝成为第一个通过这座城门的帝王。隋朝之后的唐朝，定东都为洛阳。

作为公元 7 世纪到 10 世纪洛阳城的主入口，贯通定鼎门的天街宽一百多米，比现在北京天安门前面的长安街还要宽。当年，世界各国使节和商旅，从这里进城，或朝见大唐皇帝，或开始贸易。

现今，已无从考证这枚驼迹是哪年哪天留下的了，专家们推测：

某一天，大雨初歇的洛阳城，空气格外清新。一支从西域远来的胡商驼队载满货物，从定鼎门外还有些泥泞的土路上走过。当时，进出定鼎门的人、骆驼和车辆很多，熙熙攘攘，很是热闹繁华。突然间，一场倾盆大雨从天而降，胡商们连忙拉着骆驼和车马四处躲避。因为雨后土质松软，就在路上留下了很多脚印和车辙。雨水携带的泥沙，很快就覆盖了那些印迹，于是，这一串串足迹，在历经千年之后，得以完整清晰地保存下来。

其实，我在定鼎门门址南侧所看到的，是一段用 3D 扫描原址技术，1:1 模拟出来的唐朝路面。坑洼不平的路面上，存有密集的车辙、人的脚印、动物蹄痕等遗迹。动物足迹大小不一，小的有六七厘米，最大的偶蹄动物蹄印达 20 厘米，就是那枚驼迹。而真正的唐朝路面，已经回填保护了，就在模拟路面地下两米余深处。考古人员还发现，这条路

的土层多达 16 层，最早的在隋朝，最晚的是新中国建立前后，说明这条路 1400 多年来一直在使用。

隋唐大运河开通后，洛阳城成为南粮北运和四方贸易的重要集散地。当时，洛阳城里建有北市、南市和西市三大集市。规模最大的南市，有四个里坊，聚集 120 行 3000 多家店铺，全部从事中外贸易，店肆内珍货荟萃，街道上胡商济济。

望着这枚古老的驼迹，耳旁不由响起了驼铃声。我想，进入定鼎门的那些驼队，大抵是奔南市而来的。当时的里坊，一般是方形或近方形，长宽各 500 多米，四周建有坊墙，坊内设十字街，四面开门。唐代诗人白居易，晚年就寓居在郭城东南角的履道坊。

今天到洛阳，只要倒换几站公交车，就很容易走到隋唐遗址植物园、西苑公园、上阳宫、丽景门等关联隋唐记忆的场所中去。走在洛阳城，想起那些历史中的各路人马，在这里轮番上演了一出出历史活剧，我看着，目送着，自己恰似穿越到了一个旋转的大舞台上。那些来了又去了的历史人物，我早已记不清他们姓甚名谁了，唯独记住了定鼎门前的那枚驼迹！

我亲爱的好朋友，那头不知名的骆驼来过了，留下了宝贵的驼迹。你有没有打算在这一生留下点什么，作为自己来到过这个世界的痕迹呢？珍惜当下美好的学习时光，千万不要荒废受教育的大好年华。只有今天认真努力刻苦了，才有可能换得明天的美好生活。只有现在努力了，才会有可能在未来，留下一星半点属于你的痕迹。假如今天不吃一时的苦，等待你的必然是吃一辈子的苦！

现在，我们正处在一个科学技术迅猛巨变的时代。时代要是想抛弃你，是压根不会向你道歉的。甚至，连一声最基本的"再见"都不会有。我们唯有更勤奋地努力，才能不被时代抛弃。努力吧，少年！

我亲爱的好朋友，让我们一起加油！

你最好的朋友

丁酉白露于洛阳

扫码收听

龙门石窟

位于今河南省洛阳市洛龙区，分布于伊水两岸的崖壁上，南北长达一公里。龙门石窟始凿于北魏年间，先后营造 400 多年，现存窟龛 2300 多个，雕像 10 万余尊，是我国古代丝绸之路上佛教雕刻艺术的典范之作。2000 年 11 月，成功入选《世界遗产名录》。

请嘴角上翘保持微笑

丝一路一家一书

我亲爱的好朋友：

　　不瞒你说，我亲爱的朋友，来到洛阳，我最想去的，还是龙门石窟。说不清楚为什么会产生这样的向往，也许是之前看过太多龙门石窟资料的缘故吧。在我心目中，龙门就是洛阳的代名词。

　　禁不住那遥远文化的神秘召唤，我冒着大雨，挤进了前往龙门的车。所幸的是，到达龙门后，天公作美，大雨停了。用记者证换好免费的门票，租了个智能导游解说器后，踏着鹅卵石铺就的石径，我快步进入景区——那个让白居易赞叹"洛阳四郊，山水之胜，龙门首焉"的龙门。

远远望去，龙门很像一道天然的门阙。所以，从春秋战国起，人们称这里为"伊阙"。后来，隋炀帝建都洛阳，因宫城门正对着伊阙，以真龙天子自居的隋炀帝，就改伊阙为"龙门"。

山水茫茫，雨雾缥缈，伊水从香山和龙门山间，静静地流淌而过。

不知怎么的，我特别喜欢伊水这个名字。这个名字，让人想到《诗经》中那句"蒹葭苍苍，白露为霜，所谓伊人，在水一方"。伊水这个女性化的名称，让龙门山间的这道寻常流水，沾染了许多诗意的柔情。

龙门石窟开凿于北魏孝文帝时期，历经东魏、西魏、北齐、隋、唐、宋等朝代，连续营造达400多年。

在伊水东西两山的峭壁上，布满了大大小小就山而刻的窟龛。远远望去，星罗棋布，密如蜂房，更像是千年前留下的二维码，煞是好看。这里的石窟群，南北长1000多米。现存石窟1300多个，佛洞、佛龛2345个，佛塔50多座，佛像10万多尊，集中地体现了古代丝绸之路中原地区高超的佛教雕刻艺术造诣。

龙门石窟最著名的奉先寺，是唐高宗时所建。我沿一段高且长的石阶向上攀登，一处高大宏伟的建筑扑入眼帘。

像看惯了封闭的车，再看见敞篷车后，会产生新的感觉那样，望见龙门西山南部山腰上的奉先寺，我发现了诸多奇妙。

奉先寺的奇妙，妙就妙在它是一座"六无"寺庙：一无围墙，二无山门，三无晨钟暮鼓，四无僧众烟火，五无禅房蒲团，六无庭院名刹。它大概是全中国唯一的一座全开放的寺庙吧！一个南北宽近四十米的露天大石窟，基本就是寺庙的全部家当了。

我亲爱的好朋友，你可千万别小瞧这个石窟。这里的九尊巨型雕像，全部是依山凿石而成。巨佛们把身后的大山当成一把座椅，个个都是稀世珍宝！在龙门石窟成千上万的佛像造型中，体形最大、形态最美、艺术价值最高的，就是这奉先寺的主尊——卢舍那大佛。

这是一尊巨无霸佛像！

卢舍那大佛，通高 1714 厘米，头部高 400 厘米，耳朵长达 190 厘米。集结着美德和理想的卢舍那大佛，拥有一个需要仰视才能看到全貌的高度。

抬头仰视，只见她微垂着头，面部丰满圆润，眼睑有些下垂，似半张半合地凝视前方，一双长耳略微有些下垂，身着通肩式轻纱袈裟，一圈圈同心圆式的衣纹，显得格外庄重而圣洁、安详而亲切。

在我的身旁，有人操着洛阳口音，给江浙来的好朋友讲，大佛是以武则天为蓝本雕刻的。奉先寺历时三年零九个月才竣工，修建大佛耗费了数额巨大的人力、物力和财力。等工程建到一半时，寺院和地方都无力应付了，于是地方官上奏朝廷，请求唐高宗拨款。皇后武则天知道了，还捐献出两万贯脂粉钱。为表达感谢之意，工匠们就按照武则天的容貌雕刻了大佛……

这个流传了一千多年的说法，到现在真伪已根本无法考证了。我亲爱的好朋友，随着对人文知识了解的深入，你会发现：将帝王的相貌与佛相融合，将世俗权力与宗教神权交织，是佛教艺术中国化过程中的一大现象。请你想一想，古时的人们，为什么要这样做？

站在卢舍那大佛的正前方，她表情庄严慈祥，从容和蔼，无比友好地对视着我。让我感到震颤的是，她那泓秋水般深邃的目光，在向下俯视的一刹，居然调皮地将嘴角微微上翘，微笑着俯视脚下的我，像老朋友那样随意地问：我的小伙伴呀，你怎么现在才来呀？移步到卢舍那大佛的侧面，但见她威严地盘坐在莲花座台上（虽然现在手部已经不全了，但可以想象到千余年前建造完工时的情形），一只手在上，手心朝下，另一只手在下，手心朝上。我知道，这个动作，表示"天下唯我独尊"的意思。因为奉先寺完工时，女皇武则天已经统治了唐朝。

以卢舍那大佛为圆心，我在奉先寺里做圆弧状走动，发现了一个奇怪的现象：无论我走到哪个点上，只要和大佛的目光交汇，就能感觉到，她始终都在平静地微笑着看我，那睿智深邃的目光里，装满了深深的关切。

挂在卢舍那嘴角的微笑，是一种怎样的美啊！

这微笑，绝不是那种模式化或威严的佛之笑。这是一个头顶蓝天、脚踩碧水的活生生的女性，从心底荡漾出的富有韵味的微笑。

一群中国工匠，一群怀揣信仰的中国工匠，在1300多年前，面对天地，面对山水，面对阳光，面对惠风，在集体创作卢舍那大佛时，他们的精气神里绝对布满了光明磊落的阳光的因子，以至让人一看到她嘴角的微笑，就能感到那似花朵正在绽放的力量。

独对卢舍那这美丽的微笑，我的心儿猛然间悸动不止。透过尘封的漫漫黄沙，千年时光瞬间逆转，我仿佛看见那些工匠的身影，他们用一把锤子、一根錾子，还有一双巧夺天工的手、一颗膜拜梦想的心，悬吊在裸露的岩石上，成年累月地以虔诚的态度，一刀一刀地雕刻心中的梦想。

在追逐梦想的过程中，苦难也会变成美好。我亲爱的好朋友，置身 21 世纪的我们，当然不能像古人那样，把梦想寄托在神灵之上。但是，他们追逐梦想的那种虔诚和执著，却永远值得我们学习和借鉴。

出了奉先寺，在附近的莲花洞南壁上，我看到了龙门最小的佛像。我亲爱的好朋友，你恐怕猜不到，这里最小的佛像，只有两厘米高！

是的，你不用怀疑自己的眼睛，你没有看错，只有两厘米高。尽情地展开你想象的翅膀吧，在坚硬的石壁上，在高不盈寸的空间，工匠们要雕出栩栩如生的千尊小佛，这需要怎样精湛的绝技和笃诚的信念啊！

在洞口的北壁崖壁上，能清晰地认出"伊阙"二字。这两个字，正是"龙门"最初的名字。

随着人群走出西山石窟群，从桥上跨过宽宽的河水，我来到了卢舍那所张望的东山。在白居易最爱的香山寺里，夕阳的余晖映照在伊水上，波光粼粼，如同一河的金银财宝在晃。

卢舍那大佛安坐在大山座椅上，看着熟悉的青山绿水，翘起了嘴角，又一次微笑了。在这湖光山色中，面对大佛

的微笑，众多的游客也像是受到了某种感染，都不约而同地嘴角上翘，将卢舍那那招牌式的微笑，定格在自己的脸庞上。

我亲爱的好朋友，请你从现在开始，记着要经常做这样一个动作：嘴角上翘，保持微笑！

我亲爱的好朋友，我想和你有个小小的约定——

今后，在你快乐时，请嘴角上翘保持微笑！

今后，在你忧伤时，请嘴角上翘保持微笑！

因为，你对生活微笑了，生活也会对你微笑。

我希望，你能微笑着生活，永远！

微笑着生活，一切都会很好。

你最好的朋友
丁酉早秋于洛阳

扫码收听

新安汉函谷关遗址

位于今河南省洛阳市新安县，包括关楼、关墙和阙台遗迹，以及关墙外的长墙遗迹，见证了汉帝国的交通管理制度、防御制度，及其对丝绸之路长距离交通和交流的保障功效。2014年6月，作为"丝绸之路：长安—天山廊道的路网"组成部分，成功入选《世界遗产名录》。

每个人心头都有一道关

卷贰 — 河南探踪

我亲爱的好朋友：

你猜，我这会儿要去哪里？你一定不会猜到，我到了洛阳市第二十四中学的家属院，去寻访那位已经神交很久的老朋友——老子。

是的，就是那个叫老聃的朋友，他是周朝的守藏吏。

老子的故居，是一栋坐北朝南的老宅子，中间是三大开间的大房子，左右两侧各有厢房四间，房屋两侧的山墙都略高于屋面。

老子是春秋末期楚国苦县人，也就是现在的河南鹿邑人。相传，他出生时耳朵特别大，所以他爸爸给他取名为耳。

他幼时才思敏捷，静思好学，13岁就离家到东周都城洛阳，先是在太学饱览天下典籍，后来进入守藏室为吏。

守藏室里藏着很多周朝典籍，可谓汗牛充栋，老子是那个国家图书馆的馆长。那是个博览群书、潜心研究的好地方。老子到了那里，就像龙深潜到了大海，鹰翱翔到了蓝天。在那里修身养性30多年，老子最终悟出了"道"这么一个概念。于是，道教这个中国土生土长的宗教流派，连同那部至今被认为是世界级奇书的《道德经》，就这样横空出世了。

一部只有五千言的《道德经》，为什么能引得人们两三千年来为之折腰呢？主要是思想，人们完完全全地被《道德经》字里行间透射出来的思想征服了。我亲爱的好朋友，你曾苦恼写好的作文被语文老师退回来，责令要求重写。每每看到这样的情形，作为你的好朋友，我的内心也很不好受。本来，我是做好准备给你系统地说说如何写文章，但总是我有时间了你没有，你有时间了我没有。

在这次丝路探访中，我意识到：今后，我们可能还是没有一整块可以相互交流的时间。所以，我在全身心地走丝路的同时，把沿途所见所想的和读写有关的话，都毫不保留地写给你，希望其中的一两句话能对你有用。

你是知道的，好文章之所以好，一个很重要的因素是思想性好。换句话说，思想的深度决定了文章的高度。在生活中，我们最熟悉的人是自己。可是，事实上，很多人并不能正确认识自己。很多人眼里的自己是个陌生人，更不要谈什么思想深刻之类的话了。我亲爱的好朋友，写作也罢，思考也罢，思想也罢，最终比的还是自我解剖、自我开掘。谁对自己认识得越深刻，谁的笔下就越有可能出好文章。所谓好文章，就是不会写文章的人看后会叫好，会写文章的人看过觉着再写不出更好的了。

一位头发花白的老教师，从家属院里走出来。我于是上前打听老子故居的情况。他告诉我，十多年前，在南院一处民宅废旧墙体内，曾发现了一块"孔子西向问礼行车地"的碑。碑上记载了当年孔子获鲁昭公准许，依靠一车二马的赞助，从鲁国入周，来这里向老子问礼的事。现在，洛阳东关大街文庙旧址的碑楼上，还存有一块丰碑，上书"孔子入周问礼乐至此"九个大字，但那是清雍正年间刻立的。二十四中家属院这儿，才是真正的老子和孔子的首次会晤地。

这位健谈的老教师还善意地提醒我，你是从西安来的，老子当年在洛阳闯过了心里头的关口后，就是从秦函谷关去了西安的楼观。如果时间充足，你真应该去把函谷关也看一看。

函谷关，就是王昌龄"秦时明月汉时关"诗句中，提

到的那个著名的雄关了。历史的车轮永远滚滚向前，多少功名和尘土都被带走了。一脉相承，能流传至今的，唯有文化。

好在从洛阳到新安不远。出洛阳城后，沿310国道西行约半小时，车到新安城关镇东500米处，一道残存的关塞遗址挡住了我。

这遗址的中央是两层关楼，高有15米，底部关坛高9米，关墙南北长25米、东西宽20米。关塞的南北两侧，各有一个大土丘，南侧是"鸡鸣台"，北侧是"望气台"。贯穿拱形门洞而过的，是一条东西向的黄土路，连着关内和关外。说实话，这个关和我想象中那个"一夫当关，万夫莫开"的雄关，有很大的落差。

这座残关，并不是老子当年骑着青牛，西行长安路过的那个函谷关。当年，老子走的是位于灵宝的函谷关，也就是人们常说的秦函谷关。

黄河水从平坦的河洛平原，奔腾到沟壑遍布的函谷关，因被山阻挡而折向东流。山与水，刚与柔，在这里交融。大自然的造化，令老子茅塞顿开，包罗万象的《道德经》应运而生。在《道德经》中，老子把自己的所有体验和感悟都融汇进去了。区区五千言，深刻地影响了后世的人们，《道德经》成为无可比拟的经典作品。有空了，你我都应多读一读，背一背。

眼前这座雄关，是汉武帝时期从灵宝整体搬过来的，也被人们称为汉函谷关。

在《汉书·武帝纪》中，有一句"徙函谷关于新安"，说的就是这函谷关东移之事。汉武帝时，有个楼船将军叫杨仆，因有煊赫的军功，所以被封为梁侯。但是，这个武将出身的侯爵却并不开心，因为他有心病未除。他的老家在宜阳，就是人们常说的"关东"。

当时，京城在长安，人们以函谷关为界，把西边的区域称为关中或关内，把东边的地方叫关东或关外。那时候，关西人已经在搞地域歧视了，他们普遍看不起关东人，认为是关外人。

战功显赫的老将军杨仆，一直耻于做"关外侯"。于是，他上奏皇帝，要求自己出资，将函谷关搬到新安来。这个建议，获得了汉武帝的批准。

于是，原本位于灵宝的秦函谷关，就成了现在新安的汉函谷关。函谷关搬迁的一个直接后果，就是将灵宝到新安这一大片土地划归了关中。函谷关，因此成为八百里秦川的东界。

和洛阳城内景点游人如织的盛况相比，函谷关明显有些落寞。"函"是匣子，"谷"是山谷，"函谷"就是以山谷为匣，遏其要冲。汉函谷关地处崤山和涧河间，扼守着有"天险"之称的四百里崤函古道，同时掌控着黄河漕运、崤函北道、崤函南道三条重要通道，是保障古丝绸之路长距离交通和交流的重要关塞，也是从洛阳到长安的咽喉所在，更是汉帝国交通管理、防御保障体系的见证。

经考古发掘，文物专家断定汉函谷关最初是一座小城邑，有内城和外城。其中，内城东西长 160 米、南北宽 110 米，外城与两侧山上的长墙连接，以簸箕状的形态，完全控制了东西交通。

东汉明帝派班超"重开丝路，经营西域"后，汉王朝与西域遥远的鄯善国、于阗国实现了互通。作为丝绸之路重要据点，汉函谷关迎来了络绎不绝的丝路来客，那些深目高鼻、络腮胡须的胡商，牵着骆驼赶着车马，要么在关外的互市与当地商户交易，要么满面春风地去关内换取通关的文牒，满载新换来的丝绸锦物踏上归乡之路。

汉函谷关，左接凤凰山，右连青龙山，北通陇海线，南达 310 国道。站在由坚实的夯土和石块组成的遗址关楼上，放眼望去，南边国道上车辆川流不息，北面火车从鸡鸣山上的陇海铁路线呼啸而过。雄关，铁路，公路，古典和现代在这里交汇，历史和现代文明在这里碰撞。

在汉函谷关遗址的东大门，我抄下了这样一副对联：

功始将梁今附骥，

我为尹喜谁骑牛。

这对联，将我的记忆又拉到了洛阳城的老子故居。

饱读诗书的老子，是一位有大智慧的人。他之所以要到关西去，是要迈过他心头的那道关，去实现他的理想。

函谷关的西边是秦，秦的西边是周原——那是周的发祥地。老子要到西边去，他是想寻找导致周王室衰微及天下诸侯并起的答案。

英勇善战的杨仆，之所以要东移函谷关，为的是迈过他心头的那道关，实现他当关内侯的愿望。搬迁函谷关，去了杨仆的心病，也解了汉武帝扩大京畿范畴的难题。

每个人的心头都有一道关，我亲爱的好朋友，在实现理想的漫长过程中，我们总得要迈过一道道这样那样的关口。

谁先迈过那道关，谁就可能有大作为。

这，大概是新安函谷关给我的启迪吧！看了我写的这些话，你有什么新的收获吗？我亲爱的好朋友，好久不见了，抱你！

你最好的朋友

丁酉秋日于新安

扫码收听

崤函古道石壕段遗址

位于今河南省三门峡市陕州区，有石灰岩质古道路面、路旁蓄水设施等遗存，是汉唐时期沟通长安、洛阳两大都城交通要道的组成部分，是丝绸之路长期、长距离交通保障系统的珍贵物证。2014年6月，作为"丝绸之路：长安—天山廊道的路网"组成部分，成功入选《世界遗产名录》。

把历史抱在怀里

我亲爱的好朋友：

我是跟随诗圣杜甫千年前的脚步，来到陕州区的。陕州虽然地处河南省三门峡市，但却和陕西有着很深厚的渊源。陕西的省名，就因陕州而来。"陕西"一词，最早出现在西周初年。那时候，西周王朝以当时的陕原（也就是今天的陕州）为界线，划陕原以东的地方为"陕东"，由召公管辖；划陕原以西的区域为"陕西"，归周公管辖。

陕西的省名，居然来自于河南一个区县的名称。我亲爱的好朋友，想想这事，还真的蛮有趣。

在语文课堂上，老师一定给你讲过很多杜甫的诗句和他

夜久語聲絕，如聞泣幽咽。天明登前途，
獨與老翁別。

百墳圖

暮投石壕村，有吏夜捉人。老翁逾牆走，
老婦出門看。吏呼一何怒，婦啼一何苦。
聽婦前致詞：三男鄴城戍。一男附書至，
二男新戰死。存者且偷生，死者長已矣。
室中更無人，惟有乳下孫。

道德經

道可道，非常道。名可名，非常名。無名天
地之始，有名萬物之母。常無欲以觀其妙，
常有欲以觀其徼。此兩者同出而異名，同
謂之玄。玄之又玄，眾妙之門。

入函谷關，乃乘牛
而來。自好力要衰，請從
老歸。意超浮陽役就墙看老獻。

的故事。杜甫是唐代伟大的现实主义诗人，因为他的诗反映了安史之乱前后唐代社会由盛变衰的历史，诗句里郁结着很浓很浓的忧患意识，所以很多人像叫邻居大叔那样，称他为老杜。

高产的老杜，一生创作了 3000 多首诗，留传至今的有 1400 多首。其中，最不朽的史诗级作品，是"三吏"和"三别"，即《新安吏》《石壕吏》《潼关吏》和《新婚别》《垂老别》《无家别》。这六首诗，都是老杜从洛阳回华州途中，根据自己的所见所闻而写的。

现在，我就走在老杜当年走过的石壕村里。这个村子，是诗人写出《石壕吏》的地方。老杜留宿这里的那一夜，遇上官兵四处抓百姓，目睹了民不聊生的凄惨景象，心中愤愤然的他，就写了著名的《石壕吏》——

暮投石壕村，有吏夜捉人。老翁逾墙走，老妇出门看。
吏呼一何怒，妇啼一何苦。听妇前致词，三男邺城戍。
一男附书至，二男新战死。存者且偷生，死者长已矣。
室中更无人，惟有乳下孙。有孙母未去，出入无完裙。
老妪力虽衰，请从吏夜归。急应河阳役，犹得备晨炊。
夜久语声绝，如闻泣幽咽。天明登前途，独与老翁别。

我亲爱的好朋友，不知道你有什么感受，我每次读罢这首诗，心头都很难受。诗中那种穿透骨骼的情绪，让我每读一次都要难受好一阵子。我知道，这是文学的力量。这力量里，藏着诗人的忧伤，更藏有破碎的山河。

现在，这首诗被刻在村里一块巨石做成的照壁上，成为当地一个小小的人文景观。

在你学龄前时，我曾教过你背《诗经》。那时，你的记忆力真好，《诗经》共有305首诗，你大概背过了近二百首。那会儿，你还曾问过我一个问题，怎么好多诗像是古人在说话呀？我亲爱的好朋友，你的这个感觉，是对的。大凡好的诗歌也罢，好的文章也罢，就是在说话，都是在用笔说话。人类的历史太久远太久远了，记载文明精华的典籍浩如烟海，读经典就是我们和古人说话。

事实上，怎么读是个技术含量不低的大问题。我亲爱的好朋友，在我身边的很多作家朋友都有良好的阅读习惯。我通过多年的观察，发现他们的阅读顺序，通常是这样：从中国现当代作家经典作品开始，接着广读外国文学名著，最后落脚在中国古代那些经史子集上。可见，阅读古代中国文学，是需要有较深的功力，才能完成的事情。

这里，我简单地和你说一下读古诗词的技巧吧。古人

留给我们的古诗词，从《诗经》《楚辞》到明清诗词，记录着他们的心声。我们阅读这些作品，就是通过阅读去了解古人的心态，去和他们谈心。优秀的作品，大都是真诚的。优秀的诗人或词家，总是敞开他们的心扉，让后世的我们从作品中，能够听到他们的心跳和脉动，可以闻到他们所处的那个时代人们身上散发出的汗味，甚至还有血的味道。文学就是这样，以润物细无声的方式，像空气那样存在着，让你可见可感，但却难以量化。

唐代是中国古典诗歌的巅峰期。唐代最杰出的诗人是李白和杜甫。李白的诗挥洒自如、飘逸奔放，洋溢着自由的、不妥协的精神；杜甫的诗则千锤百炼、沉郁顿挫，充满了忧国忧民的忧患意识和热爱天地万物的仁爱精神。李白和杜甫，成为对后世产生深远影响的浪漫主义和现实主义两大文学流派的代表，他们是中国古代两位具有世界级气象的文学艺术大师。

和唐诗相比，宋词的题材不大关注社会现实，更偏重于抒写个人情怀，在风格上也更委婉，更含蓄，更有生活情调。无论读唐诗还是宋词，我们很容易从古人诗词所描摹的生活情境中得到启发，并进而受到人格境界方面的感染，寻觅到我们需要的精神力量，补充我们成长中必不可缺的钙质养分，从而更诗意也更优雅地学习、生活。所以，这也是一代代中国人喜爱熟读诗词的一个原因。

让我们的话题再回到杜甫身上吧。每读杜甫的诗歌，我总觉得杜甫仍活着，他的感情和我们相通，他的喜怒哀乐让我们可感可知，他似乎就活在我们这个时代。

他的诗，是无需置疑的好诗，甚至可以说是评判诗歌的一种标准。尽管对好诗的理解仁者见仁智者见者，至今还没有一个共识和统一的标准。但是，古今中外的好作品，都总是在最大限度的逻辑范围内，讲述所处时代的事情或预测模糊的未来。换句话说，我们是在阅读作品的过程中，不知不觉地走到作者笔下的那个社会，并且了解那个时代。

我亲爱的好朋友，我从 13 岁开始发表作品，已经阅读和写作了 30 多年，但还觉得很不够，充其量只能算是个汉字的学习者或使用者。这就像站在一条飞流的瀑布下，我只是拿汤勺接了一下，而且勺子里接到的水，大半都被溅飞了，留在汤勺里的非常有限。至今，我始终信奉"耕读传家久，诗书济世长"和"读万卷书，行万里路"的古训。古往今来，阅读不仅是渗入个人血脉、改变个人精神生活的私事，还是关系家庭思维能力和提升社会活力的大事。一个人没有丰富多彩的阅读生活，就不可能拥有广博的软实力，更不可能强大和文明起来。

在有限而粗浅的阅读学习过程里，我认为，阅读大抵上有这样三个阶段——

一是"无我"的模仿阶段，这是阅读的初级阶段。我们对新知识的获取，大都借助阅读和模仿的手段来实现。这要求我们要忘记自己的存在，用最大的功力沉潜到前人的优秀作品中去，将自己与那些名篇佳作合二为一。只有这样，我们才能深入到经典作品之中，努力成为其中的一部分。

人们常说的"熟读唐诗三百首，不会作诗也会吟"，就是这个意思，即：在模仿传承中熟悉了理法，从而具备了创新的可能性条件。但是，我还要提醒你的是，文化和文明恰如一条奔腾的河流，能从过去流到现在，也必将会从现在流向未来。正如我们不能两次踏进同一条河流那样，我们也绝对不会完全回到过去的文化和文明中去。所以，只能通过模仿来传承那些优秀的传统文化和文明，剔除掉其中那些糟粕，才可能吐故纳新，守正创新，实现新的创造。

二是"有我"的发现阶段，这是阅读的中级阶段。因为熟读了古今中外优秀的经典作品，人们很容易获得一种领悟和贯通能力，这不是生吞活剥地"抄袭"或"套袭"，而是回味并审视经典作品中的方法技巧和某些原理，掌握了一些内在的纹理结构，经过必要的转化和技术处理，并运用到自己的写作实践中。

这话说起来有些拗口，估计你理解起来也难，我还是给你打个比方吧。这个过程，其实就像我们每天都要摄入很多的食物，这些食物在我们体内经过消化、吸收和积淀，最终成为我们的气力和智慧。可以说，一个人思想的成长过程，就是一个人走出自我，走向世界和融入世界的过程。因为笔下"有我"，世界才会变得如此纷繁多彩。请你注意，笔下"有我"并不是自我封闭，也不是和外部的世界对立，而是让自己成为世界的一部分。因为我们每个人都是绝无仅有的，都是世界的财富。

第三个阶段是"本我"的独创阶段，这是阅读的高级阶段。在经历了前两个阶段之后，我们的内心就会发出一种要形成"自我"独特艺术风格的召唤，就像看遍群山之后，自己立在山头成为山那样，会从自然、社会、人生中得"道"，获取源源不断的艺术创新的原动力，通过"天人合一"的体验，创造出属于"我"的散发着时代精神光泽的艺术佳作。

这要求我们不能停留在对现实生活的简单描摹上，需要我们怀抱理想主义和对未来的美好预期，用笔下的文字来传递某种对现实具有前瞻性和改造性的力量。这力量，或是借助新的人物形象塑造，或是借助对新的文化精神的提炼，或是借助对新的美好生活的向往来体现……古今中外，凡是有"本我"独创性的文艺作品，无一不是站在今天的门槛上，眺望明天的理想，隐约而巧妙地，在字里行间传递出历史的流向。

我亲爱的好朋友，你再看这首《石壕吏》，只有120个字，却把唐代残酷的征兵制度、战争的祸害、民众的苦难，穿越时空地聚拢在了一起，让一代代读者为老妪的命运揪心。真是厉害了，我的老杜！他把自己颠沛流离的生活，乃至生命，全都放在了创作的那些诗句里。

杜甫的厉害之处在于，他一生漂泊、饱受磨难，使他能够真切地直面人世间的苦难，他以非凡的眼界、胸怀、情怀和阅历，穿透历史的迷雾，真实勾勒大地的面貌，超越自身所处时代，用更高远、更睿智的方式给后人讲好了他那个时代的故事。一千两百多年来，每当我们这个民族在遭受这样那样的磨难时，人们都能从杜诗中获得力量和慰藉。

在我们的精神世界里，"会当凌绝顶，一览众山小"的杜甫，是一个神一样的存在。早在一千两百多年前，杜甫就知道，流传千古的好诗好文里，都凝聚着作者的思想、格局和气息，都蕴藏着一股沉痛、仁爱和悲怆的气。这股气，贯通古今，不是天上掉下来的，是从生活中得来的，是思想历练出来的，是从对他人和社会的关心、关切中集聚来的。越是深入到生活的底部，笔下的文字就越新鲜生动，思考得越是厚实，对时代的把握和呈现，就越真实丰富。

这么说吧，我亲爱的好朋友，杜甫的诗，是当之无愧的诗史。杜甫最伟大的地方，就是他的心中藏有天地苍生！

非常遗憾的是，在杜甫的身后，很多诗人的很多诗文，缺少了这股气。不光缺少，甚至还有些无知、轻狂和油滑。这就是差距！因为没能越过这股气的坎，所以那么多的后来者，最终也没人能抵达杜甫那样的高度。写到这里，你或许会明白，为什么我坚决反对你去读某些书。因为那些书是无益的，你尽管还小，但这绝不意味着你可以肆意地浪费时间、消耗生命！

沿石壕村向西南行，约走 10 分钟的路，就进到了金银山麓。赫赫有名的崤函古道石壕段遗址，就在这里。

苍茫四百里的崤函古道，东至洛阳西达潼关，是古时的一道交通咽喉，是中原通关中、达西域的必经之路。

古道很狭窄，最宽处也不过几米，是个易守难攻的好地方。难怪唐太宗到这里实地查看后，发出感慨："崤函称地险，襟带壮两京。"

崤函古道石壕段遗址，是一段至今还保存完好的东西向石头山坳。这条路，只有 200 多米，虽然不长，但却是一段原生态的丝绸之路。

石灰岩质的路面上，一个小坑连着一个小坑，一个洼挨着一个洼，让人看后心生惊叹。千百年来，不知多少车轮从上面连绵不绝地碾轧过，也不知多少牲畜在上面前赴后继地踢踏过，更不知多少雨水和砂石经年累月地冲洗过，最后留下这条深深的小石沟。

小石沟里，有很多宽窄不等、深浅不一的车辙印。我用手摸了一下，有些印痕至今还十分光滑。留在两条车辙间的，是一处一处的马和骆驼的蹄迹，还有纤夫手抠过留下的痕迹。车辙旁，还有一些什么，我看不明白，感觉有点像钢钎凿刻后留下的印痕。

经过实地丈量，专家们发现：车辙的深度从几厘米到40多厘米不等；车辙的间距，从 1.06 米到 1.56 米不等。根据这一数据，专家们推断：这条路从战国开始到民国时期一直在用，已经有两千多年了。

两千多年是个什么概念？

那是丝绸之路的年龄啊！

路旁，曾经有河水欢快地流淌，不知何时，荒草覆盖了河床。幸好，当年的饮马池还在。山坡上，那些曾经奔跑的牲畜，早就化成泥土了。幸好，当年的拴马石还在。

幸好，这古道还在。

幸好，歇车坪、石灶台、烽火台等遗迹，还都在。

这段存留着实物标本的"路"，就是丝绸之"路"。

截至目前，这也是丝绸之路上发现的唯一一处长期、长距离交通和交流的古代道路遗迹。

在物质并不富有的古代，人们笃定地相信：风景在远方，繁华亦在远方。于是，这才有了长安和洛阳间整日的马蹄踏踏，狭窄的山道上才有了夜夜通明的篝火，还有商旅们不绝于耳的南腔北调的交流声。

我坐在古道旁的荒草上，风把大地厚重的芬芳传向四野。向远方眺望，我心想：脚下这些裸露的道路岩石，见过太多来来往往、熙熙攘攘的商人，见过太多中原的绫罗绸缎、茶叶、瓷器和西域的香料、果种……

我还想到，那个走出石壕村的诗人，沿着古道，向着更为深远的地方走去，一直走向历史的深处。四百里也罢，两千年也罢，都被这条路一把抱在自己的怀里。古道从黄河和秦岭间逶迤而出，把历史揽入怀中。这个世界上，每一条路都要伸向远方，无论在现实中还是在历史里。

这时，传来了一阵急促的脚步声。接着，很多惊讶的喧嚣声传来，噼里啪啦的镁光灯的闪烁声次第响起。原来，有个摄影团来到了这里。

兴奋的情绪，是会传染的。看着他们兴高采烈的表情，我不由高声大喊起来：拍吧，拍吧，好好地拍，好好地传播，

让全世界都知道这条丝绸之路上的古道。

但是，一转念，不行呀。如果全世界的人，都往这儿来了，那么，这条古道还能活多久？我们的子孙，还能像我这样零距离地感受到这崤函古道的石壕气息吗？

我感到了左右为难，不知道该怎么办才好。我亲爱的好朋友，你有脑洞大开奇思妙想的对策吗？如果有，下次见面了，一定要把你的好创意告诉我哦。在此，先谢谢你了，我亲爱的好朋友。

你最好的朋友

戊戌早秋于陕州

扫码收听

卷叁

甘肃
探微

麦积山石窟

位于今甘肃省天水市麦积区，因石窟所在地形似麦垛而得名。麦积山石窟凿于十六国后秦时期，经北魏、西魏、北周、隋唐、五代、宋、元、明、清等 10 多个朝代的不断开凿、重修，成为仅次于敦煌莫高窟的我国第二大艺术宝窟。2014 年 6 月，作为"丝绸之路：长安—天山廊道的路网"组成部分，成功入选《世界遗产名录》。

麦垛上的美好生活

我亲爱的好朋友：

乘坐空调大巴进入甘肃天水，窗外的秦岭也随我们一路从西安经宝鸡延伸至此。虽然已到了陇上，但熟悉的山、熟悉的水、熟悉的人文，一车人当中，没有一个人有走出秦地的感觉。

和陕西的名称源自河南陕州一样，甘肃的名称源于陕西宝鸡的陇县。我亲爱的好朋友，甘肃的简称是"甘"或"陇"，其旧称是"陇右""陇原"，这是因为甘肃省位于宝鸡陇县的西侧。你看，有时地名背后的故事也蛮有意思的吧！

卷叁 — 甘肃探微

天是自然大道，水是万物本源。

天水，是个好名字！"天一生水"的天水，虽然只是甘肃省的一个省辖市，但名字里居然蕴含了天地大道和万物规律，显示出这座城市与众不同的独特气度。

在古代，天水别称秦州，是一片与秦有着极深渊源的土地。早在西周时期，这里就是牧马养畜的好地方。秦人的祖先伯益，因养马有功，得到了舜的封土。后来，伯益的儿子非子养马，又受到周孝王的嘉赏。那小小的附庸之地，便成为后来横扫六国的大秦帝国最初的根据地。

天水这个好名字的背后，有一个天河注水的美丽传说。古时候，这里地势开阔，水草丰茂，人烟稠密，房屋连片，是一个适宜人类生活的好地方。后来，由于连年不断的征战厮杀，加上持久的干旱，这里变得不那么美好了。

话说有一天夜里，天空电闪雷鸣，地上狂风大作。说时迟，那时快，只见一道金光闪过，天河上的水倾泻而下，哗哗地注入龟裂的地缝，那地上的水越积越多，最后竟形成了一个湖。有人说，这湖水从天河来，是与天河相通的。说来也怪，自从有了这天水湖后，这里的环境又开始好转起来。于是，老百姓就把这地方叫天水。

这个美好的传说，无疑寄托了当地百姓对美好生活的向往。除了口头的传说，当地人还在烟雨蒙蒙的"麦积烟云"景观里，实现了这一美好祈愿。

我到麦积山石窟时，天色已近黄昏，盛夏的炎热正在消退。山路的一个拐弯旁，有一间卖地方土杂和传统字画的小店。女店主正在作画，她用淡笔在宣纸上轻轻渲染了几下，又用墨笔勾了几笔的边，就把一座烟雨蒙蒙的麦积山轮廓搬到了纸上。整个画面，干净清丽，看上去十分养眼。

我问："画这样一幅画，需要多少时间？"

"说不准，要看心情的，一般得两三天。心里没啥杂事了，快时半天就能画好。"女店主答着，手里的笔并未停止。

"那像这样的一幅画，能卖多少钱？"这话一出口，我就意识到，这问题似乎问得有些不妥。

"也没准，卖好了能卖个两三百，卖不好了就几十块钱。在这山上，闲时间多，抽空画个画儿，能多落一个，就多落一个。"没想到，女店主不但不生气，还回答得很爽快。想来，这个问题，在我之前已被很多游客问过了，女店主早就见怪不怪了。

转过两个稍大的弯道后，那座形状奇特的山——像极打麦场上农家堆砌的草垛山，就近在眼前了。山不太高，只有142米，因为耸立在一片空旷中，所以就显得有如天降，让人生出天地变小之感。白色的云朵下，连绵起伏的青山，松竹丛生，野花芬芳，清流遍地，几间小木屋藏在苍翠中，宛如仙境，使人陶醉。

险峻的峭壁上，或长或短的凌空栈道，连接着成百上千的洞窟。远远望去，游人如走蚁似飞虫，行进在不规则的栈道上。每走近一步，我感到自己的呼吸都要凝重几分，生怕自己这突如其来的造访，会打扰在这里千年清修的佛陀。

我亲爱的好朋友，一座石窟就是一部佛教简史，也是一部丝绸之路简史。修石窟，修的是佛陀，花的可是真金白银。在生产力水平相对低下的古代中国，只有经济发达和相对富裕的农耕区，才有可能在皇家或地方资助下兴修石窟。所以，我国那些区域广阔但经济相对落后的游牧区，就没有石窟。遥想当年，佛教顺沿丝绸之路一路东进，传遍西域沿线很多大小国家，不少执政者接触并笃信了佛教。一时间，丝路沿线集中了无数的高僧大德，丝路沿线大小城市都大动土木修建寺院。但是，土木缔造的伟殿高塔，终究没有石窟更坚固，更能长久留存。所以，那些用糯米、粳米、香油、黄蜡、桐油、硼砂、皂角、土布、生绢、瓦粉、铁条等材料合成的塑像，经过岁月的风吹日晒，就有了磐石般坚硬和陶瓷般莹润的质感，屹立千年而不倒。那些大大小小的石窟，就成了丝绸之路沿线特有的，也是我们现在看到最多的一种历史文化遗存样态。

伴随着丝绸之路，麦积山石窟从 4 世纪到 19 世纪，经十多个朝代不断开凿重修，迄今已汇集造像万千尊。当地人用"砍尽南山柴，堆起麦积崖"这样一句民谚，说尽了建造麦积山石窟工程的浩大与艰辛。天水地处东西南北交通要冲，既受中原主流文化的影响，也受南方和西方外来文化的冲击，多种文化在天水交融，最后又萌生出新的文化。麦积山的佛像造像，虽是天上仙，却有人间貌，个个都是垂眸下视，一副和蔼可亲的样子。

站在散花楼上远眺，茫茫的林海，让人满目生碧。夕阳折射下的山岚，像一缕缕的薄云，缓缓地从山底升起，有如无数斑斓的花瓣从天上落下，很有些天女散花的气象。距地面 50 多米高的七佛阁里，还残存有精美的壁画，画里的车马、行人等保存完好。让人称绝的是，从不同的角度去看，画里车马所走的方向，竟各不相同，也不知是什么原因造成的。在我快要沉醉其中时，曾来过的同伴说：前面的 133 窟里，有一件传神之作——"东方微笑"小沙弥，是来麦积山的必观项目。

果然，在洞窟东北角的佛龛里，看到一个高不足一米的小沙弥，正细眯着双眼，面露憨厚，带着稚气，有点顽皮，有些害羞地朝我微笑呢。我亲爱的好朋友，告诉你，看见这个沙门小弟子后，我的第一反应是想问问他：小哥哥，你是因为聆听了佛的教诲，还是因为参透到了什么奥妙，而心生微笑呢？

　　这个可爱的小沙弥，用千年不变的微笑传递着生命的奥妙和生活的气息，给人以跨越时空的遐想和慰藉，让人心情放松，也跟着会心微笑。这个懂得微笑的小沙弥，这绽放了1500多年的"东方微笑"，像一块巨大的磁石，把成千上万的中外游客吸引到麦积山，并带入到一个忘俗的境界。这个小沙弥，显然是工匠们理想化的美的化身。整座麦积山石窟，不知凝聚了多少古代劳动者对美好生活的万般向往！

　　下山后，回望麦积山石窟群以及峭壁上连接石窟的栈道，我突然感到：眼前的景象，很像物理课上学过的电路板。一个石窟就是一个元器件，而栈道则是连接彼此的电线。夕阳下的麦积山，很快就腾起了一层薄雾。迷蒙中，"电路板"有些模糊了，大大小小的石窟，成了一个个或大或小的方形黑点。再观整个麦积山石窟，就感觉怎么那"电路板"又变成了"二维码"。这，是不是古人留给我们的一个隐喻或者其他什么？

一千多年前，劳动者在岩洞中将巨石凿成佛像，他们所经历的万般艰辛，是可想而知的。

当清晨的第一声鸟鸣响过，当第一缕阳光照耀到麦积山，劳动者们腰系绳索背负工具，从崖顶荡到没有路的石窟上方，用手中的铁锤和钢钎，一下一下地击打着坚硬的岩石。饿了，啃几口坚硬的馒头；渴了，灌一肚子清澈的山泉。比岩石还坚硬的，是他们心中的信念。终于，信念软化了石壁，热情融化了悬崖，一尊尊佛像在叮当声中傲立人间，成为山林、溪水和飞鸟的新伙伴。

我想，如果当年的劳动者缺乏信念的话，他们是干不好凿佛塑像这件苦差事的。同样，如果当年的那批能工巧匠有信念但不坚定的话，也是断不会给我们留下这如此精湛的艺术珍品的。

青山不老，碧水长流。

我亲爱的好朋友，在下山时，我想到"佛"这个字是左右结构，左边是"人"，右边是"弗"。在古汉语中，"弗"是"不"的意思。可见，佛或许是有着不凡意志的人。那个画烟雨麦积山的女店主，那些开山凿石立佛塑像的劳动者，都是佛。因为，他们和佛一样，用各自不凡的意志，创造了美，奉献了爱！

我亲爱的好朋友，从某种意义上说，你身边那些心无旁骛努力学习的小伙伴，也是佛。我们每个人，只要能安静地做好自己该做的事情，那么，每个人都可以成为自己的佛。

感谢天水，感谢麦积山，让我记住了那个微笑的小沙弥。我亲爱的好朋友，今天，你微笑了吗？请你记住，遇到困难之后，"微笑指数"最能增长你的勇气。所以，不但要记住，而且还要做到——微笑！

你最好的朋友
丁酉立秋于天水

扫码收听

炳灵寺石窟

位于今甘肃省永靖县城西南小积石山中，始建于西秦建弘元年，因保存有中国石窟最早期、中期和最晚期的壁画和石雕，内容非常丰富，题材十分广泛，被誉为"中国石窟的百科全书"。2014年6月，作为"丝绸之路：长安—天山廊道的路网"组成部分，成功入选《世界遗产名录》。

好清澈的黄河水

我亲爱的好朋友：

　　咽下最后一根糯软的牛肉面，端起老碗又连喝了几口秘制高汤，我一把擦掉留在嘴角的油亮，大跨步走出兰州城那条小巷，踏上了去刘家峡水电站的班车。

　　路过黄河岸边的水车园附近，从车窗里看到了著名的黄河母亲雕塑——母亲面含微笑，神态慈祥，婴儿天真烂漫，顽皮可爱。岸边的树荫下，安逸的当地人在吹拉弹唱，间或有一两声高亢、嘹亮、明快的歌声传到车内。我亲爱的好朋友，那歌声就是花儿，一种流行于甘肃省临夏、甘南、岷县等地的柔美的民歌。

一个多小时后，刘家峡水电站就到了。

坐够九名乘客后，小快艇开足马力，驶进浩渺的高原平湖。四周全是浩瀚的水，满眼的碧波在荡漾，一路上水花翻涌，湿气弥漫，别有风情。朦朦胧胧的山峦，在远处起伏。这种美好的水色天光，能出现在黄土沟壑遍布的兰州附近，实在是个奇迹。所以，小快艇上，每位游客都大口大口地呼吸着自然之气。

黄河的水，到了刘家峡这里，来了一个大回转，成为九曲黄河中美丽的一曲。快艇昂着头，在黄河干流宽广的水面上，拉出一条硕大的银色惊叹号。

翻阅中国古代典籍，黄河有过多个不同的名字：在《说文解字》中，她是"河"；在《山海经》中，她是"河水"；在《水经注》中，她是"上河"；在《后汉书·西域传》中，她是"中国河"；在《尚书》中，她是"九河"；在《史记》中，她是"大河"……最后，人们看到，这河水从黄土高原带来很多泥沙，以至于河水的颜色变得浑黄不堪，于是，"黄河"成为大家对这条河公认的名字。

拐过一个弯后，我亲爱的好朋友，我都不敢相信自己的眼睛了！

黄河，那个泥沙俱下、浊浪翻滚的黄河，居然在这里变了!

说变了,还有些太简单,还不到位,简直是被颠覆了!是的,就是那种常识被颠覆了的感觉。

这里的黄河水,居然是清的!

一片波光粼粼的清水,难以置信地在我的眼前荡漾。两岸峭壁的湖光山色,连同棕红色的丹霞地貌、风光绮丽的黄河峡谷和川地,在开阔的视线里交替上场。但见河水穿越壁立的峡谷,水势像个任性的孩子,一会儿奔腾呼啸,浪花高耸,一会儿波平如镜,煞是宁静。我亲爱的好朋友,如果再仔细观察,还会发现山体上有很多蜂窝或鸟巢状的洞孔,那是时间的杰作。估计风一吹,那些洞还会唱起歌来。

这湛蓝色的清水,真的是黄河水吗?

"千真万确,这就是黄河水!"四十多岁的船老大,手握快艇方向盘,面对我们的惊讶,笑着解释:原本混浊的黄河水,进入这个方圆130多平方公里的水库后,泥沙沉淀到极深的库底,黄河水便被过滤成清水了。

健谈的船老大说,几乎每个去炳灵寺的外地游客,看到这一幕后,都忍不住要发出惊讶的赞叹,没想到黄河水也会这么清!

这清澈的黄河水,给对岸那座清静的炳灵寺加分不少。

不一会儿，我又看到一个罕见的奇观，黄河水再次发生变化——一半清澈一半混沌，两股泾渭分明的水流，紧密并列，齐步走，向前流。

见我疑惑的样子，快人快语的船老大，有些自豪地解释："我们这里的黄河水变幻无常，河水的颜色会随着天气和日照的不同而发生变化，有时是海洋那样的蓝色，有时是翡翠那样的绿色，有时是黄土地那样的黄色，有时是丹霞地貌那样的赤红色……所以，我们把这河不叫黄河，叫五彩河。"

好一个颠覆常识的名字！谁会想到，五彩河竟然是当地人对黄河的昵称。

这时，一尊巨大的佛像突然出现在眼前。大寺沟右侧峭壁上，一道两公里长、高低错落的四层窟龛，如一排步步高的莲花，气势庄严地绽放在黄河边。阳光照射下，精美的石窟与壮观的大佛，在山水的怀抱里，泰然自若地看着脚下的黄河水梦幻般地由蓝变绿。

我亲爱的好朋友，此刻我提笔回想当时那一刻的感觉，脑子里仍有点晕乎乎的微醺。是神奇的大自然，用无穷的魔力，让养在锦绣深闺的炳灵寺，给我接连带来这么多惊喜。这还没到炳灵寺呢，心就醉了！那么，到了之后，又会怎样呢？

炳灵寺坐落在一个山谷里。陡峭的崖面上，密密匝匝布满了各个朝代大大小小的石窟，如一颗颗从空中撒下的念珠，散落到了黄河岸边。

走进石窟，凝视这些雕刻精美的或清秀或丰腴的佛像，我奇怪地发现：怎么有的菩萨裸露着上身？

导游说，炳灵寺石窟距今已有1600多年了，现存窟龛183个，壁画约900平方米，保存有最早期、中期和最晚期的壁画和石雕；这里在魏晋时称唐述窟，后来又称灵岩寺，明永乐年间才改为炳灵寺。

我亲爱的好朋友，甘肃的河西走廊，南有祁连山，北是蒙古高原，历来是丝绸之路的黄金段。即便到了今天，无论乘坐汽车、火车还是飞机，要通往中亚诸国，都得从这里经过。从空中看，甘肃恰如一个狭长形的通道。在这个通道上，至今还分布有榆林窟、莫高窟、炳灵寺石窟、麦积山石窟、马蹄寺石窟、南北石窟寺等3000多座石窟，这是世界范围绝无仅有的。处于特殊地理位置的甘肃，自古以来就是一条东西方沟通的必经之道。而我们所说的丝绸之路，在甘肃人眼里更像是一条石窟之路。

邻近中原、吐蕃、西夏三地的炳灵寺石窟，由于深受中原、西方、南方多重文化影响，所以这里的造像出现了不同年代和区域艺术风格混合并存的特征。裸露上身的菩萨，就是佛教从印度最初传入时期的风格。这就像甘肃的文化，本来应该是黄河文化，但同时又受到陕西为代表的黄土高原文化、四川为代表的巴蜀文化、青海为代表的河湟文化和绿洲文明的影响。多种文化交织，最终形成了庞杂、丰富而多元的甘肃文化。炳灵寺石窟，可以说是甘肃文化的一个典型和缩影。

在一座跨越山沟的石桥旁边，我看到一尊高 27 米的弥勒佛坐像。这尊唐代留下的大佛，是炳灵寺石窟的标志。我亲爱的好朋友，不知怎么了，一看到这历经千年的雕像，我就不由得感到一阵心疼。千百年来的风吹雨淋，千百年来的战乱纷争，大佛啊大佛，阅尽沧桑的大佛在想什么？是在想这片土地上那些怀揣信仰的人们，还是在想丝路上来来往往的商队？抑或，是其他不愿说给世人听的秘密？

坐落在唐代大佛上方的，是一个编号为 169 的特窟，这是炳灵寺规模最大、时代最早、内容最丰富的洞窟，也是炳灵寺的精华所在。

当我爬上特窟时，有一种探险家历经千辛万苦，终于发现一处伟大遗迹的胜利感。这个天然石窟，现存佛龛 24 个。在第六龛彩塑菩萨的左前方，有一篇大约 500 字的造像铭文，结尾处赫然写着"建弘元年岁在玄枵二月廿四日造"这么一行字。建弘元年，就是公元420年。这是中国佛窟中，目前发现最早的有明确纪年的题记。

尽管始建于1600多年前，但是，这个大窟里的壁画，仍保持着鲜艳的色泽。北壁有一幅佛陀说法图，格外引人注目。坐于莲花宝座上的是佛陀，这和其他地方一样，并没有什么奇特之处。与众不同的是，佛座的前面，一个高鼻梁、深眼睛、黄头发的胡人，正虔诚地单膝跪地，在拜佛呢。这个胡人的原型，想来应该是丝路商队里的某位远道而来的胡商吧。

到了元明时期，藏传佛教沿着丝绸之路，也传到了炳灵寺。于是，画师们就在很多洞窟中，对原有造像和壁画，进行重新雕塑和绘制。仔细观察会发现，藏传的佛和菩萨个个腰身细长，在体态上和中原的佛和菩萨有明显差异。他们能在这里长期共存一窟，这是历史和时间的造化，这也成就了汉传佛教和藏传佛教和谐共处的传奇。

我亲爱的好朋友，观看了不同朝代留存的造像和壁画，我还是打心底喜爱那个意气风发的大唐。步入唐代的洞窟，无论大窟，还是小窟，不管是雕塑，还是壁画，那些扑面而来的时代活力，那些开放开明的社会风尚，那些热情奔放的生活气息，都让人有种仿佛置身其中的感觉。

沿来路返回时，快艇唱着"突突突"的歌，很快就驶入了黄河主航道，将炳灵寺远远地抛在了我们的身后。临靠岸时，我特意留心看了一下：这时的黄河水，又恢复了浑黄的本色。

你说，这事奇怪不奇怪，我亲爱的好朋友？

你最好的朋友

戊戌秋日于兰州

扫码收听

丝一路一家一书

锁阳城遗址

位于今甘肃省瓜州县东南，始建于西晋，是集古城址、佛寺遗址、古渠系和古垦区等多种遗迹为一体的文化遗产，在丝绸之路长距离的交通和交流过程中，锁阳城作为屯田绿洲典型保障性城镇提供了重要交通保障。2014 年 6 月，作为"丝绸之路：长安—天山廊道的路网"组成部分，成功入选《世界遗产名录》。

人比城走得远

我亲爱的好朋友：

一大片黑色的沙粒，给戈壁穿了件防晒服，在明晃晃的太阳下，闪着幽幽的冷光。下车后，还没过三分钟，汗水就湿透了全身。

通向锁阳城的路上，红柳遍地开花，马兰花纵情绽放，芨芨草蓬勃生长。只是，头顶上太阳的脾气太暴躁了，炙烤着大地和地上的生灵，四周的空气是烫的，让人身上热，心里更热。同行者中，有人说自己要眩晕了。一旁的，忙打开藿香正气水，让喝上几口，压一压心慌。我庆幸，加入这个友爱的团队走访丝路。

卷叁 — 甘肃探微

我亲爱的好朋友，做任何事情，态度很关键。想要成功，都必须先付出艰辛的劳动，要战胜很多以前没有经受过的磨难，比如心理上的、生理上的各种不适应。虽然有时候付出了，也未必会成功，但我们依旧要充满积极向上的正能量，要坚信成功正在前方等着我们。

　　同行者恢复体力后，当地的向导讲起了锁阳城历史变迁的往事。在被叫作锁阳城之前，这里先后有这么几个名字：晋昌城、安西城、瓜州城和苦峪城。

　　早在西汉武帝时，这里已归属敦煌郡冥安县管辖。后来，随着丝绸之路的形成发展，西晋时将冥安县升格为晋昌郡，锁阳城成为郡治所在地。唐朝时，设立安西都护府，锁阳城的地理优势更重要了。

　　宋仁宗时，西夏人占领了瓜州，锁阳城成为西夏控制河西的军事指挥中心。西夏军队撤出后，哈密、吐鲁番、蒙古部族先后在此争夺，锁阳城在连年征战中损毁很大。后来，因开发利用昌马河上游土地，导致锁阳城水源干涸，人口流失，沙漠化严重，以致整座城池逐渐被废弃。

　　锁阳，是一种菌类寄生植物，也是一味中药的名字。之所以把这座城叫锁阳城，和唐代大将军薛仁贵有关。

话说当年，唐太宗派薛仁贵征伐西域，大军一路凯旋。后来，由于一位副将擅自违令，在这里中了埋伏，被哈密国元帅苏宝同围困，多次突围都没能成功。在相持一段时间后，哈密兵用沙石、红柳等物，拦截住通往城中的水源。眼看城中粮草就要断绝，老将程咬金冒死杀开一条血路，回长安搬救兵了。

有一天，薛仁贵发现地里长着一种红萝卜状的植物，块茎肥厚，吃起来味美甘甜，就命令将士挖出来充饥。吃了这种救命的植物后，唐军精神焕发，就像锁住了全身的阳气。于是，他们就把这种植物叫锁阳。后来，将士们靠挖吃锁阳，等到程咬金搬来救兵，才解了围。

为纪念锁阳救了将士性命这事，人们改称这里为锁阳城。

锁阳城之名，从此传开。

我亲爱的好朋友，在西安曲江的南湖边上，有一个景点叫寒窑，是很多青年男女喜欢的爱情角。

传说，唐朝有个宰相的三女儿叫王宝钏。天生聪慧的她，到了该婚嫁的年龄，却看不上那些王公贵族的公子。在彩楼抛绣球择婿时，她选中了家里的长工薛平贵。自然，此举遭到父亲的坚决反对。断绝父女关系后，王宝钏嫁给了薛平贵，住进了寒窑。

后来，薛平贵从军远赴西凉，王宝钏苦守寒窑，靠挖野菜来维持生命。再后来，战功赫赫的薛平贵娶了西凉国公主，当上了西凉国的国主。18 年后，薛平贵与王宝钏在寒窑相会，封王宝钏为正宫王后。可惜的是，在被封后的第 18 天，王宝钏就去世了。

这是京剧《武家坡》演绎的一个凄美的爱情故事。

历史上，并没有薛平贵和王宝钏这两个人。是清代的戏剧家，根据薛仁贵和柳银环的故事，虚构创作出了《武家坡》这出感人的经典戏。当然，久远的传说只是个传说，我们已没有办法考证其真假了。不过，锁阳城却在瓜州县东南方的荒漠戈壁中真实存在着。

我亲爱的好朋友，你有没有发现，很多优秀的文艺作品中，无论文学作品还是影视戏曲作品，里面都有一些因素是真实的，但也有很多因素是作者虚构添加上去的。我记得，你曾说过这样一个问题，说班上有些同学的作文，没有按照老师的要求，写的不是真人真事，连同学自己都承认是编的。可是，其他同学读了之后，都觉着那作文写得好，非常感人。你问我，这样子可以吗？

我当时给你的答案是：当然可以！

因为天下文章，即便写得再好，也绝对不会是现实生活的原样。好文章，总是经过作者从大量素材中筛选，精心酝酿，巧妙构思后才写出来的。

好的文章，都凝结着写作者的心血和情感。文章中所表达的，大都符合生活真实，而绝非全是客观真实发生过的。这话，说起来有些拗口和难以理解。简单地说，文章不一定非得写真人真事，只要让人读了之后感觉是真人真事就可以了。

怎样才能拥有这样的能力呢？这需要我们多读书，从经典作家的作品中学习，看人家如何进行语言表达，怎样谋篇布局，等等；另一方面，要多读生活这本大书，从身边普通人的身上学习，观察他们的言行举止、行为特征等。只有这样，经过日积月累地学习和领悟，你才能把别人的事例和经验，活学活用到自己的文章中，写出让人叫好的文章来。

我这样讲，你能明白吗，我亲爱的好朋友？也许，你暂时还不会太清楚，但只要记住了这话。在今后不断的勤学多练中，相信你会揣摩明白的。

瓜州，是中原通往西域的必经门户，也是古丝绸之路的必然通道。位于瓜州的锁阳城，历来是兵家必争之地。

唐代诗人王昌龄，在一首《从军行》中这样写道："青海长云暗雪山，孤城遥望玉门关，黄沙百战穿金甲，不破楼兰终不还。"

这是一首边塞诗，前两句诗人视通万里，遥望千里边关的"青海湖""孤城""玉门关"这三个点，用倒装和夸张的手法，描绘出了肉眼无法尽观的一幅大画面。渲染了环境之后，诗人开始直接抒情，身处黄沙荒漠中的边关战士，克服了戍边时间的漫长、边地的荒凉、战事的频繁等困难，付出惨重的代价，但他们内心里始终激荡着报效国家的信念，丝绸之路边境上的障碍不清除，就绝不解甲归田。

我亲爱的好朋友，这里的"孤城"就是锁阳城。通过这首唐诗，你对锁阳城的重要性，是不是有了更深一层的理解？

这座屹立了千百年的锁阳城，至今还存留有中国古代最先进的军事防御体系。锁阳城由外城和内城构成，城池易守难攻，坚不可摧。现今，锁阳城周围还完整地保存有很多古城址、古寺院、古墓群、古战场、古渠道、古垦区等各类遗迹。

现在，我所看到的那些断断续续呈不规则四边形的残破城墙，就是锁阳城的外城墙，也是战时保护内城的第一道防线。内城，有北门和西门两道城门。这两道城门外，各有一个小瓮城，是取"瓮中捉鳖"的意思。西城门上，曾经上演过一出真实的空城计。

唐开元年间，吐蕃大军攻陷瓜州。唐臣张守珪到瓜州后，正率领将士和百姓重修城墙，吐蕃军又来袭击。沉着冷静的张守珪，在城墙上大摆酒宴，与部下畅饮。吐蕃兵以为有埋伏，竟然退去。张守珪带兵追击五十里，打得吐蕃兵大败而逃。

这个"张守珪智退吐蕃兵"的故事，在瓜州当地流传至今。后来，这事被写《三国演义》的小说家罗贯中知道了，于是就有了诸葛亮设空城计智退司马懿那个章节。

站在北门瓮城上，周边沙丘、沟壑和风蚀台地连绵起伏，虽然满眼都是瓦砾和断墙残壁，但掩盖不住锁阳城曾经的宏伟气势。高低起伏的城墙上，晴空蓝得纯粹透彻。一只苍鹰盘旋着，像千年前那样，在寻找着地上的猎物。

一个故事，在这样的时空里，跃上心头。

当年，从长安西行取经的大唐高僧玄奘，就是从这里出城的。唐朝时，实行严格的边关管理，不允许百姓私自出关。

　　玄奘西行的这一年，很多地方庄稼歉收，百姓就四处逃荒求生。于是，玄奘混在逃难百姓之中，躲过检查，出了长安城。一路上，在各地法师的帮助下，玄奘东躲西藏，昼伏夜行，经秦州，过兰州，抵瓜州。这时，当地的官员已经接到遣送玄奘东还的命令。

　　好在，瓜州的官员是个信佛之人，不但热情招待了玄奘，还请他到塔尔寺，为城里百姓讲经说法半个多月。在瓜州，一个名叫石槃陀的胡人，还拜他为师。石槃陀买一匹枣红马，亲自护送玄奘出了玉门关。这石槃陀和枣红马，被认为是《西游记》中孙悟空和白龙马的原型。所以，也有人据此说锁阳城是孙悟空的故乡。

　　玄奘讲经的塔尔寺遗址，至今只剩下一座大塔和九座小塔，它们仍高耸在一片萧条的锁阳城里。考古人员在寺院山门地下80厘米处，发现了灰色的铺地砖残存。根据这个发现，他们推断出在塔尔寺之前，这里还曾有一座寺庙。

　　考证后，专家认为可能是唐瓜州时的阿育王寺。阿育王是古代印度摩揭陀国孔雀王朝的第三代国王，早年好战杀戮，统一了整个南亚次大陆和今阿富汗的一部分地区。战争结束后，出于政治需要，他定佛教为国教，将诏令和"正法"的精神刻在崖壁和石柱上，还派僧人外出传教。

　　这些传说和实物的存在，说明从唐到西夏时期，塔尔寺是丝绸之路上传播佛教文化的重要场所。

至今，锁阳城到玉门关的那段唐代的路还在使用，当地人亲切地称这条路为"唐路"。毫无疑问，锁阳城是丝绸之路上连接中原与西域地区的交通枢纽。我脚下的这座废墟之城，是丝绸之路多民族交往、融合的大舞台，也是古代中国走向国际的重要驿站。

我亲爱的好朋友，在锁阳城内城里，我还看到了一棵千年的古柳。树的枝干早已枯死多年，但是树根的边上，顽强地抽出了几丛新芽儿。在这春夏秋冬干旱少雨，在这废弃七百多年的故城里，这株不会说话的古柳，在如此恶劣的自然环境下，显示出生命伟大的力量。

昔日，绿洲之城锁阳城里喧嚣的街市上，各族人东来西往忙着交易，空气中散发着小吃诱人的香味，不远处的葫芦河里静水缓流，通过道道沟渠贯通沃土，葱茏的良田连成一片，一直延伸到了祁连山下。

可是，眼前的锁阳城，早就不再是当年的模样了，宽阔的门洞坍塌了，雄伟的城墙破败了，高大的墩台残缺了，巍峨的佛塔风蚀了。就连穿行丝路的商旅也远去了，火车飞驰而过的轰鸣声，代替了当年的驼铃声。但是，锁阳城的遗迹还存在着，缄默着，傲视苍穹。

也许，终有一天，荒凉的锁阳城，也会在岁月中消亡。城陷人去，城败人亡。但是，懂得思考的人，会比城走得要远。因为那些发生过的关于人的故事，还会继续流传；那些曾经来过的人物，他们的事迹还会被继续流传。这，就是文化的力量。即便残破了，也依旧是文化。因为在那些不堪的废墟和残破的故事里，藏有我们这个东方国度古老的秘密。

草木蔓发，春山可望。加油吧，我亲爱的好朋友！

你最好的朋友

戊戌处暑前日于瓜州

扫码收听

悬泉置遗址

全称为"敦煌郡效谷悬泉置"，位于今甘肃省敦煌市，因出土的汉简上书"悬泉置"三字而定名，是公元前2世纪至公元3世纪汉代设立在河西走廊地区的重要驿站遗址，也是继居延遗址之后简牍出土数量最多、内容最丰富的遗址。2014年6月，作为"丝绸之路：长安—天山廊道的路网"组成部分，成功入选《世界遗产名录》。

于阗国王是穿皮鞋来的吗

我亲爱的好朋友：

　　还在西安时，一位历史学的教授朋友知道我将到甘肃探访丝路文明后，很认真地叮嘱：甘肃的敦煌藏经和西北汉简，是震惊学术界的两大考古发现。遗憾的是，敦煌藏经，很多遗落在海外，成为国人心中一道永远的痛。所幸的是，西北汉简因出土时间晚，得以保全在国内。教授还特意强调，这两处是很多文化学人去甘肃的必访之处。

　　一到敦煌，放下行李，我第一时间联系当地的作家朋友，约着去看西北汉简。车上高速路，约行半小时，下辅道向南行十公里，就看见一块大石碑立在戈壁上，上书"悬

泉置遗址"五个大红字。

戈壁大漠，热浪翻滚。从脸上撸出一把汗，甩在亮得发白的砂石上，才几秒钟就不见了。朋友说东边有一条沟，可以进到遗址区，应该会凉快些。跟着他的脚步，踩着满是碎石和沙土的山路，我深一脚浅一脚地向前走。

没有想到的是，一股流淌的细泉，竟然从半山腰中涌出。因为泉是从悬崖峭壁流出的，当地人把这泉水叫"吊吊水"，但写成书面语后，就成了十分文雅的"悬泉"。细小的泉水悬空而下，在沟的底部，洇出一个长有绿苔的水洼。几百米长的山谷里，没有一丝风，强势而凌厉的太阳，晒短了芦苇、红柳、胡杨的影子，倔强的胡麻、芨芨草、骆驼刺，却从乱石中冒出，告诉头顶暴躁的日头：再渺小的生命，也有一颗顽强生长的心。

"悬泉"的由来，与西汉贰师将军李广利有关。

汉武帝时，李广利西征大宛获胜回京，穿越敦煌戈壁滩，饥渴难耐的军队来到山谷里，看到一处悬崖上写有"滴水石"三个字。但事实上，山是秃山，谷是干谷，四周连一滴水都没有。

李广利生气地拍打山石，大声怒斥："滴水石，不见水，徒有其名，毁我三军，留它何用？"说罢，对着滴水石，连劈了三剑。

没想到，一股清粼粼的泉水，从岩石开口的石缝中汩汩涌出，大队人马争相痛饮。

这就是当地至今还流传的"刺石成泉"的故事。

后来，人们把这泉叫"贰师泉"，修建了贰师庙，设置了驿站，供过往军队、商贾、行人歇息。再后来，随着丝绸之路的衰败，贰师庙坍塌了，成了茫茫戈壁上碎石遍地的废墟。到如今，就连"贰师泉"的名字也被人遗忘，这泉水就成了后人眼里的"悬泉"。

一条碎石子铺成的小路，连接着几处建筑的遗迹，荒漠和天际在远处交融在一起。我站在悬泉置遗址上，任这戈壁的烈日穿透全身的每一个毛孔。

恍恍惚惚地，我有些眩晕了，潜意识里，自己好像来过这里。或许，那个骑着战马急送文书的将士，是我；要不，那个赶着骆驼风尘仆仆的胡人，是我……

现在，我真想在这里休息一下，就像多年之前，传递公文的官差、使节、兵卒那样，奔走累了，在这驿站里倒头大睡，解除疲乏后，精神焕发地继续出发。

我亲爱的好朋友，"置"的意思，就是后来的邮驿。在《孟子·公孙丑上》中，就有"德之流行，速于置邮而传命"

的记载，这说明春秋时代"置"就出现了。

在《史记》《汉书》《后汉书》等史书中，还出现了"厩置""传置""骑置""邮置"等很多和"置"有关的词，虽然字面意思不同，但指代的含义是相通的。

悬泉置，是西汉昭帝时就投入使用的一个丝路驿站。在甘肃省博物馆，我看过一块魏晋时期的画像砖，没有嘴巴的驿官骑在奔驰的马上，为防止被关卡阻拦延误时间，手上高举着通关传符。之所以没有画嘴巴，意思是说当驿官就要守口如瓶，保守机密。作为长安通往西域的邮件必经之地，悬泉置见证了汉唐丝绸之路的繁荣和衰落。

最初，它的名字叫悬泉邮，只负责传递信件。后来，随着丝绸之路的繁荣，机构的规模日益扩大，升格为悬泉置，同时开始接待过往的军队。我亲爱的好朋友，告诉你吧，那个认真琢磨用"推"好还是"敲"好而流传后世的苦吟诗人贾岛，不仅曾在悬泉置住过，还留下了一首《宿悬泉驿》的五言诗："晓行沥水楼，暮到悬泉驿。林月值云遮，山灯照愁寂。"

我看到的悬泉驿，是一座正方形的小城堡遗址，边长大约有五十米的样子，四周高大的院墙还在，土坯垒砌而成的坞墙也还在。就是在这个面积并不甚大的丝路驿站下，曾经出土了 25000 多枚简牍文书，3000 多件各种器物。这些珍贵的丝路遗珍，为我们还原出一个微缩版的西汉王朝社会图景。

带我来到这里的作家朋友，曾写过悬泉置发掘的文章，所以他知道大量鲜为人知的情况。他说，从悬泉遗址出土的各类器物，佐证了简牍记录的正确；简牍的记录，又复活了器物的生命。这种奇特的现象，在考古发掘史上，是极为罕见的。

那些刻有文字的竹简或木板，生动地记录了一千多年前河西走廊地区全球化的日常商贸活动。我们可以从中清晰地看到，中原政权对外国商人制定的贸易规则和管理体系，比如：规定进入中国的商人，必须按照规定的路线行走，沿途要接受中国地方官员的询问，合格者才能拿到通关文牒。当时，对外国商人的管理非常精细，他们的每条信息都要被详细记录，比如：来自哪个国家，到哪里去，携带了什么物品，在哪里住过，吃了哪些饭菜，支付了多少钱，等等。我亲爱的好朋友，大概这是关于商贸全球化的最早记录吧。

这里，还出土了 6000 多种货币、农具猎具、丝绸服饰、谷物粮食、石砚毛笔等生活用品。其中，所出土衣服的质地，就有绸、麻、棉三种；出土的丝绸残片，则有锦、罗、纱、绢四种；出土的鞋子，从材料上看，有麻、皮、毡、草、布五种。

皮鞋，这里出土过皮鞋！这条信息，让我很是感到意外。

作为汉代边疆上的一个"国宾馆"，悬泉置是中西交通必经之地。从这里，考古工作者还发掘出土了大量记录西域各国国王、质子、使者，经由丝绸之路进入敦煌到中原的汉简。在一枚汉简上，就记载了这样一桩罕见的外交事件——"今使者王君将于阗王以下千七十四人，五月丙戌发禄福，度用庚寅到源泉。"接到于阗国王带1074人的庞大队伍来此的消息，悬泉置紧急从敦煌郡调度吃喝用具，安排人杀鸡、洗菜、舂米、烹饪、清点人数等等，忙得不亦乐乎。一时间，高朋满座、人声鼎沸、谈笑风生。这次接待，光用坏的餐具就达300多件。1074个于阗人来访是什么概念？当时，于阗国总共才19300多人。一次来访，出动了于阗国二十分之一的人口。汉帝国的实力和影响力，可见一斑。

听到这里，我想到出土过皮鞋的细节，不由好奇地问："于阗国王穿过皮鞋吗？他是穿着皮鞋来的吗？是他把制作皮鞋的技术带给了中原，还是他把中原的先进技术带回西域，又进而传向了世界？"

朋友连连摇头，笑着说："你问得好奇怪！据我所知，还从来没有人提到过这个问题。"虽然无法给出答案，但朋友表示会把这个疑问，带给所熟悉的考古专家。待有答案了，及时告诉我。

在《后汉书·西域传》里，范晔用两千多个汉字，记录了今天中亚各国古时的历史。此后，中亚诸国都有一段漫长的缺少文献记载的时代。作为官方接待站的悬泉置，曾举办了很多西域诸国与中原的交流交往活动。在悬泉置遗址出土的汉简中，有许多中亚交流史的内容，为中亚国家补充那段历史提供了重要资料。可见，丝绸之路是中原连接中亚和世界的重要通道。一部丝绸之路的历史，就是半部世界文明史。后来，由于丝绸之路中断了，航海大发现之后，欧洲人利用海路，才又恢复了和东方的联系。

我亲爱的好朋友，当然，迎来送往的接待活动，只是悬泉置诸多功能中的一项。数量惊人的悬泉置汉简，除了诏书、司法律令、官府文书、驿置簿籍、文化科技及其他杂事外，还记录了好些有价值的事情——

官府派一个人外出执行公务，配备有一车一马。没想到，这人没有完成任务便半路返回。一追查，原来这人在过敦煌时遇到了奇怪的天气：狂风四起，黄沙漫天，刮坏了车，吓跑了马，他只得一拐一瘸地逃回来。这证明，两千多年前，河西走廊就曾发生过沙尘暴天气。

在坞墙内北组房屋发现的《使者和中所督察诏书四时月令五十条》，是西汉平帝时期，一份以太皇太后名义颁布的诏书，上面明确规定了每个月能干的事和不能干的事。比如，春天不能捕鱼打猎，夏天不能砍伐树木，秋天不能开采矿石，冬天不能挖地搞土木工程。这个诏书，开创了以国家名义实施"休渔期""封山育林"等环境保护规定的先河。

仔细观察出土的汉简，我发现：所有汉简上的字，大小是一致的，字体也是统一的。想来，这些文书是由专人书写的，书写的具体字体、字号，也都按一个统一标准来执行。这和我们当下发公文、公告一样，有一套完整的国家标准。

除了汉简，悬泉置遗址还出土了460多件纸张。其中，带有汉文墨迹的纸文书20多张，这是迄今为止在全世界范围发现的最早的用于书写的纸。这里，还出土了西汉武帝、昭帝时期用隶书写着"付子""细辛""薰力"字样的包装药材的麻纸。因为这个发现，一些学者认为颠覆了蔡伦造纸说的定论，断定人类掌握造纸术的时间可以大大提前。

纸张的问世，为私人家书的出现，提供了某种可能。

悬泉置就发掘出土了一封保存完整的汉代家书——《元与子方帛书信札》。这封信，是一位叫"元"的小军官，写给朋友"子方"的。元委托子方帮自己买一双皮鞋，买五支质量好的毛笔，给吕安刻一颗私印，给郭营尉买一条响鞭……

我亲爱的好朋友，汉时从长安到敦煌的丝绸之路沿线上，先后设立了80多处供人员往来和邮件接待、中转的驿站。但是，目前挖掘出来的，只有位于瓜州与敦煌间的悬泉置这一处。

在乘车回敦煌的路上，作家朋友告诉我："让很多考古工作者想不通的是，在悬泉置出土的那么多汉简里，居然没有发现有关丝路商旅的记载。"

望着窗外的茫茫戈壁，我想到了一个冷酷的事实：在两千多年农耕文明铁一般的大幕笼罩下，商人从来都是一个卑微的群体。在官方正史的记载里，商人是难以登上大雅之堂的。

我想，这体现出古代管理者思想上的分裂性，他们明明知道经济社会的发展，需要大量的商人来促进流通和贸易，但总是在现实中，偏偏不把商人当回事，甚至还打压和仇视商人。我不知道，这样的思考对不对？

裤兜里的手机猛地震动起来，取出一看，竟然跳出这样一条信息：为了进一步传承保护和建设好世界遗产，当地计划在悬泉置遗址到锁阳城镇开通有轨电车。

　　好啊，这是好事情。看来，经历千年风雨的悬泉置，即将迎来属于它的一个新时代。一切，都会慢慢好起来的！

你最好的朋友

戊戌处暑次日于敦煌

扫码收听

丝一路一家一书

玉门关遗址

位于今甘肃省敦煌市西北 90 公里处，相传西汉时西域和田等地所产的美玉经此关输入中原，因而得名。该关始建于汉武帝征服河西走廊后"列四郡、据两关"时期，是古丝绸之路上的重要关隘，是目前我国现存最完整的汉代关隘建筑群之一。2014 年 6 月，作为"丝绸之路：长安—天山廊道的路网"组成部分，成功入选《世界遗产名录》。

活在唐诗里的玉门关

卷叁 ｜ 甘肃探微

我亲爱的好朋友：

汽车在戈壁滩上穿行了近百公里，还没到玉门关呢，那首伤感的《凉州词》，就不由自主地在心头如弹幕般跳动——

> 黄河远上白云间，一片孤城万仞山。
>
> 羌笛何须怨杨柳，春风不度玉门关。

前几天，我看了一所大学发布的大数据分析报告，说唐代有籍贯可考的诗人共 1686 人，在他们所创作的数量庞大的唐诗中，影响力最大的是王之涣的《登鹳雀楼》，排名第二的是这首《凉州词》。

一个诗人用两首诗歌，成就了唐诗中珍品级的千古绝唱。这真是厉害了，我的王之涣！可是，不知怎么搞得，《全唐诗》中却只收录了王之涣六首诗。

我亲爱的好朋友，我在心底又低吟了一遍这首诗，这样的画面再次浮现于眼前：一泻千里的黄河连着天边的白云，一座孤城高高地耸立在崇山峻岭间。悲凉的《折杨柳》曲子正吹得欢，想要折柳赠别，却发现四周寸草不生。江南的春风，什么时候才能吹到这荒凉的玉门关呢？

汽车在戈壁上颠簸前行，起伏间，我想起那个"旗亭画壁"的故事。

王之涣是唐代极负诗名的诗人，他的诗作"传乎乐章，布在人中"。据说开元年间的某一天，他和王昌龄、高适等诗友在旗亭酒家小聚，恰好有十多个梨园歌者也在那里聚会。于是，三个诗人在观看演出前打了一个赌：咱们三人的诗，难以分出高下，那今天就看看谁的诗最受传唱的歌者喜欢吧。

第一个歌者唱的是王昌龄的"一片冰心在玉壶"，王昌龄自豪地在墙壁上画了一条线。第二个歌者唱的是高适的"天下谁人不识君"，他也给自己画了一条线。王之涣说，咱们看看那个长相最美的歌者，如果她唱的不是我写的诗，那我就没有脸面和你们坐在一起了。那个最美的歌者一开口，唱的果然是"黄河远上白云间"，三人开怀大笑。笑声惊扰了梨园歌者，待知道了三人的身份后，歌者们忙邀请三人一同入席……

穿过一座不高的沙石岗，走进一个四方形的小城堡，就到了玉门关遗址。我很快就将这个关的内景看了个遍，这是一座黄胶土夯筑的城墙，四堵城垣还都在。这座长宽20余米、面积600多平方米的小方盘城，怎么能与心中的玉门关画上等号呢？

巨大的落差感，瞬间击倒了我。

这座方城的残垣，在蓝天下的黄沙上，显得无比孤独寥落。看到这一切，我莫名地伤心起来，这不是我的玉门关！这不是唐诗里的玉门关！这不是我心中的玉门关！我的玉门关，是鲜活的玉门关，是旌旗烈烈的玉门关，是将士生猛的玉门关，是有成千上万双鹰眼死盯关外的玉门关，是有成千上万颗忠心守护关内的玉门关……

我知道，玉门关没有走。我的玉门关啊，是回荡着依依送别《杨柳曲》的玉门关，是江南春风吹不到的玉门关，是让人心生离愁别绪的玉门关。我的玉门关，依旧活在唐诗里。

只是，我来得太晚太晚了，我没有看到我的玉门关。我的玉门关和那些把守的将士们都走远了，只留下这孤零、残破的城堡，悲壮地立在天地间，等待我这个迟到者。

向导说，玉门关又被称为小方盘城。就像一千个人心中有一千个哈姆雷特那样，一千个人心中有一千个玉门关。很多人来看了后，都说这不像是玉门关，和心中的玉门关落差太大了。

这里之所以被认定为玉门关，是因为 1906 年英国人斯坦因在这里挖出带有"玉门"字样的简牍。1944 年，考古学家夏鼐、阎文儒，在此掘出一枚写有"酒泉玉门都尉"字样的简牍。后来，更多的出土简牍证明：小方盘城更可能是玉门都尉日常办公的官署。所以说，这里是个推测出来的玉门关。

哦，原来这不是西汉帝国边境线的玉门关，原来这不是唐人吟咏的那个玉门关。

公元前 121 年，匈奴浑邪王带领四万部众投降汉朝。随后，汉武帝在河西走廊上，设置了酒泉郡、武威郡、张掖郡、敦煌郡。人们将河西四郡，连同敦煌以西的阳关和玉门关，称为"列四郡、据两关"。敦煌是汉帝国最西边的一座城池，阳关和玉门关是敦煌最西边的两大重要边防关口。玉门关和阳关相互策应，保障了冷兵器时代中原王朝的平安，连通了丝绸之路上的西亚和欧洲国家。

但是，这个玉门关究竟设在哪里呢？《汉书》里有这么一句话：筑塞西至酒泉。可见，作为汉长城西起点的玉门关，是西汉修筑汉长城而增筑的附属物，也是长城沿线通往西域的一个必经关口。

走出小方盘，站在平台上举目远眺，疏勒河河谷近在眼前，河谷里有少量积水形成的海子，四周的芦苇、红柳、骆驼刺，正顶着亮亮的太阳疯长。

作为汉帝国边防线上西去的重要关口，玉门关见识了太多的玉石东来和丝绸西去，领教了太多的"春风不度"和"古来征战几人回"。经营西域十多年后，垂老的班超上奏朝廷说："臣不敢望到酒泉郡，但愿生入玉门关。"他心想趁一口气还在，能活着进入玉门关，踏上家乡的土地，自己就心满意足了。

胡天多飞雪，大漠奏沙歌。

在出关者和入关者的眼里，玉门关是信念的水源地，能把他们疲惫的脚步带进生命的绿洲。进入玉门关，就跨越了希望与绝望、生存与死亡的分界线！

我站在关外，听到两千多年的时间，就那样"铮铮——铮铮——"地没有了。疏勒河干了，红柳枯了，绿洲远离，风沙弥漫。大漠肆虐的风沙，带走了很多记忆，只有孤单的黄色，让无尽寂寞的玉门关，在鼎盛的汉唐王朝里鲜活。

在玉门关景区附近，我还看到了著名的汉长城遗址。我亲爱的好朋友，当我谈到长城时，你会想到什么呢？是蜿蜒的巨龙，还是坚实的路基，抑或是游牧文明与农业文明的冲突与融合？

向导在来时的车上，就提前"打预防针"说：大家看到汉长城后，不但远没有想象中那么雄伟，甚至"寒酸"得有些出人意料。

尽管提前有足够的心理准备，但当我真正见到了汉长城后，还是被惊得说不出话来。说实在的，隔着护栏望去，面对汉长城，我感受不到哪怕是一丝丝的雄伟之气。

四周全是戈壁，在经历了两千多年风吹日晒之后，严重风化了的汉长城，连一堵破败的土墙都不如，靠着一点点仅存的断壁残垣，默立在原始的天地之间。

风中夹杂着黄土的粉末，早就遮蔽了汉长城的容颜。粗犷的汉长城，孤单地缩着脖子，寂寞得让人心疼。它显得那么不堪一击，似乎风再大一点儿的话，就能哗啦一下，倒成一地渣土。

面对这矮小、残破的遗址，很难想象它曾是两千年前拱卫中原平安的汉长城。虽然昔日的雄风早已不在，但是其历史地位绝不容忽视。

当年，汉武帝的铁骑跨过黄河，越过大漠，在我国内地少有的西流河——疏勒河的岸边，"始筑令居塞以西"，让河西走廊步入到长城时代。

这道残墙，即便再矮小、再残破，也是有着两千年厚度的汉长城。眼前的每一粒沙、每一堆土，都亲历过许许多多我们所不知道的故事。

两千年的时间厚度，让我对这道 150 米长的残墙，肃然起敬。寸草不生的戈壁上，一望无际全都是荒凉。金戈铁马今安在？

一切的一切，都淹没在历史的尘埃里了。

汉长城的建造，没用过一砖一瓦。它，像村里人卷千层糕那样，一层沙土一层草木，一层草木一层沙土，就这样交替着，一下下地夯起来。

那久违了的夯土筑墙的场景，再一次从记忆深处跳上了岸。我想：修建汉长城的劳工中，一定有我的兄长，而我，是被他们打发到 21 世纪的一个代表。

在没有砖头，也没有泥土的戈壁，我的那些兄长们，先是架两块厚木板当护板，然后往木板中间填充黏土和沙粒，抡起石锤挥汗如雨地夯击，把中间的缝隙和空气都挤压掉；然后，再给上面铺一层红柳、芦苇、罗布麻和胡杨树的枝条，接着用石锤将枝条和黏土与沙粒夯实。就这样，铺一层沙土，再铺一层枝条，周而复始，直到墙体够高了，这才撤掉厚木板，再去夯筑下一段长城的墙体。

伟大的汉长城，就是这样一小段一小段拼凑着，修建起来的。由点到线，由线到面，沿线的长城，连同烽燧和城堡，还有长城附近的村庄，共同构成了一个军事防卫体系。汉长城，更像是大汉帝国在自家院落前筑起的一道院墙。

在条件极其有限的古代，我那些懂得因地取材的兄长们，学会了用沙土、芦苇、胡杨树等简单材料，他们在从玉门关到阳关，从阳关到党河口，从马迷土到弯腰墩的戈壁大漠上，硬生生地筑起了一道蜿蜒盘踞的泥土做成的"千层糕"，成为汉帝国最重要的边防线。

想想看吧，我亲爱的好朋友，在生产力水平极其低下的汉代，这道现在残缺不全的泥土做成的"千层糕"，曾经是何等的巍峨风光和多么的雄伟壮丽！

想想看吧，我亲爱的好朋友，在两千多年前，当东进的游牧民族看到这道浩浩荡荡横空出世的长城后，他们对大汉王朝的繁荣有一种怎样的向往！

疏勒河边的汉长城，是草原游牧民族与定居农耕民族的分界线，也是融合中华民族的情感线！这道长城，见证了古代中国的战争史，也见证了古代中国的和平史。

当年战场的厮杀声和吼叫声，哪里去了？那些伤痕累累功名赫赫的将军，哪里去了？

只有河西的风，不停地在叫。

那些铭刻着刀光剑影的人和事，全都化成了泥土。放眼长城外，雪山皑皑，溪流潺潺，骏马奔驰，牛羊成群，牧歌声声。凝视长城内，杨柳依依，炊烟袅袅，阡陌纵横，客舍连绵，欢歌笑语。

就在这时，一列银亮色的高铁，从不远的前方风驰而过，恰好和延绵的汉长城，在那短暂的一两秒间，交错在了一起。

我亲爱的好朋友，就在那一瞬间，古老的长城与现代的高铁，在苍茫的戈壁上，画出一个巨大的对号。是的，我所看到的高铁和汉长城是个"√"，就像辛勤的园丁在

大漠孤烟直
黄河落日圆

你作业本上画了个大红色的"√"。

可是，假如这截断断续续的汉长城消逝之后，后来人再看到高铁穿越汉长城遗址区时，他们所看到的，也许，将会是个硕大的"！"。

起风了。

大漠的风，说大就大得吓人。

躲在大客车里，我看到黄风卷着沙尘扶摇而上，一道直直的烟，像棍子那样立在一片混沌中。

我不由得想起了王维那句"大漠孤烟直，黄河落日圆"。当年，老师讲这首诗时，说诗人凝练的笔墨，最擅长写景。你看，边疆沙漠，浩瀚无边，诗人用一个"大"字就概括了。但是，烽火台上燃起的孤烟，怎么会是"直"的呢？

对于这个"直"字，我一直都没有搞明白，还在课后问过老师。老师说，这是诗人把孤寂情绪巧妙地融入到自然景象之中，还说这就是诗歌高超的艺术境界，得好好用心揣摩体悟……

我亲爱的好朋友，此时此刻，我才恍然大悟：原来诗人写的"直"是形容戈壁大漠上的沙尘暴呀！我把这个感受说给向导后，那个身材魁梧的西北汉子连连点头说："就是的，我们小时候老师教这句诗时，说的就是大漠上的沙尘暴天气呀！"

想来也是，我大概是小学二三年级读的这首诗吧，然而，当我了解这句诗的真正含义时，已经过去三十多年了。

你看，要搞明白哪怕一个很小的知识点，也可能付出漫长的时间代价呀。我亲爱的好朋友，所以，我们要学会从前人的宝贵经验中汲取养分。那些宝贵的经验，是前人用心、用时间的慢火，熬制出来的金不换。

大风过后，我们的车，又开始小心地驶向敦煌方向。回望宽阔的戈壁大漠，早已失去军事防御作用的汉长城，风化成一段可怜的断壁残垣，犹如一位孤世独存的老者，让人心里溢满了孤单苍凉的感觉。我知道，这就是历史，让人难以释怀的历史。

一座玉门关，半卷河西史。

我想，作为丝绸之路节点的玉门关和汉长城，随着中原王朝疆域的变迁，就像秦函谷关东移成汉函谷关那样，汉玉门关也一定被迁徙过。但是，玉门关的名称没改，地不同，意相同，情相通。今天的玉门关连同阳关一道，早就超越了"关"的具体指向，成为中国人寄托怀古情愫和西行执念的美好意象。

我亲爱的好朋友，现在，我坐在敦煌市区的宾馆里，梳理着白天参观玉门关遗址的感受。从旅行箱里取出在武威买的夜光杯，小心地给里面填满了矿泉水。据说，这种夜光杯是用一种戈壁滩上独有的墨玉石所制。端着夜光杯，我看见里面有一个小小的亮点，轻轻地摇了摇杯子，那亮点在涟漪中逐渐变大，并渐渐显出一轮明月的样子。我不由得又想起了你，我亲爱的好朋友，你有没有想我？

还要啰唆几句，在武威参观雷台汉墓时，我看到了著名的马踏飞燕。那马昂首嘶鸣，躯干壮实而四肢修长，腿蹄轻捷，三足腾空飞驰向前，另一只足踏在飞燕之上。

1983年，国家旅游局将这个造型确定为中国旅游标志。

实话实说，尽管来武威之前已经看过很多次"马踏飞燕"了，但真的到了出土这宝贝的那个东汉墓室里，看到古代工匠那富有创意的造型，还是极大地震撼了我。

我在想：这个造型，妙就妙在那个点，马踏准了飞燕身上的那个点。从物理学上讲，是马找准了平衡点。我们之所以把很多事情做得不够好，就是因为没有找准"那个点"。不是吗？骏马因为踏准了点，才得以和燕子一起凌空飞翔。

现在，人们不远千里万里地来玉门关，就是想找到历史上的那个点，找到打开丝路记忆的那把钥匙。无论做人做事，只要踏准点了，成功的几率就会大很多。

不知道我这样说，你能明白吗，我亲爱的好朋友？这好比你面对一个题目，构思写文章时，总得从纷繁的生活库存和阅读储备中，精心选取其中最具代表的"那个点"，作为落笔的突破口，然后从这个点生发，再切入到主题中去。

　　说到这里，不知你是不是和我一样，有这样的体会：丝路处处有学问，丝路处处有语文。

　　手捧墨绿色的夜光杯，许许多多的唐代边塞诗，漫过记忆的河堤，在这河西走廊的静夜中，在我的脑海里，摇曳出别样的受活。你好，玉门关！相比现实中的你，我更愿在唐诗里吟诵你。

　　今夜，就让我举起这夜光杯，以水代酒，在诗酒中，让王之涣带着我，一起为驻关的将士们，高唱一曲升级版的"引得春风度玉门"吧！

你最好的朋友

丁酉秋夜于敦煌

扫码收听

莫高窟

位于今甘肃省敦煌市东南25公里处，地处丝绸之路的战略要点，是东西方贸易的中转站，也是宗教、文化和知识的交汇处。莫高窟的735个洞窟和石窟寺以彩塑和壁画闻名于世，代表了我国4至14世纪佛教文化艺术的最高成就，是丝绸之路上中国古代多民族文化及欧亚文化汇集和交融的结晶，被誉为"东方艺术宝库""世界最长的画廊"和"墙壁上的博物馆"。1978年12月，成功入选《世界遗产名录》。

永远的莫高窟

我亲爱的好朋友：

在我即将离开敦煌、前往嘉峪关之前，特意留出一整天的时间给莫高窟。去莫高窟，必须有仪式感，所以我一大早冲了个澡，换上了干净的衣裳。

整座敦煌城，像块被晒透了的砖，到处都烫人。街旁那排可怜的绿树，根本遮不住燥热。祁连山下的党河岸上，有一株半枯的白杨树，几根绿枝努力向上，叶片如闪光的镜子，正把受不了的热，反射给太阳。

唯一没有被这热天袭击的，是街旁路灯上身姿婀娜的飞天女神。她们还像千年前那样，蜂腰妩媚，以不变的造型，

卷叁　甘肃探微

提醒来自四面八方的世界游客：莫高窟快到了。

永远的莫高窟，是敦煌永远的魂。

坐上专发莫高窟的大巴车，沿一条布满摄像头的柏油道路，在360度无死角的盯视下，我走近了久违的莫高窟。

大泉河畔，挺拔了千年的白杨树林，依旧忠诚地守卫着流沙断崖上那锦绣般的佛窟。长长的河床上，大漠的风沙早就带走了岩工画匠的身影，连一个脚印都没有留下。

跟随敦煌研究院讲解员的脚步，一踏进洞窟，那些久远的味道，裹挟着时间掩不住的气息，很多掌故在眼前鲜亮起来。恍恍惚惚间，那个古老的传说，在眼前幻化——

公元366年，去西域求取真经的乐僔，从东土云游到此地已近黄昏。夕阳下的戈壁金黄四射，村庄的炊烟袅袅地升成一条线，饭香味在大漠上空弥漫。

突然，他看到对面三危山上"忽见金光，状有千佛"的景象。乐僔双手合十，诵经祈祷：既然佛祖在这里感召，那我就在此修行吧。

于是，他在大泉河岸鸣沙山断崖东麓的峭壁上，开了一个可以面佛的禅窟。那些凹凸不平的砂岩内面，实在太简陋，太缺乏美感了。于是，他下山找了个泥瓦工，在洞壁上抹一层平整的麦泥；干透后，再抹一层白灰；他又找来几个画匠，用石绿、赭黄、铅白等颜料，在上面绘出花花绿绿的佛国故事。

东汉以降，佛教沿丝绸之路从恒河河畔，翻越喜马拉雅山一路东传。谁也没想到，在这里有了一份定格。

越来越多的云游僧走到这里，都走不动了。他们像辛勤的工蜂，在断崖上建起了各自的蜂窝。

黄沙在大漠上空盘旋着，很多很多年，就这么过去了。

鸣沙山的断崖上，上百个洞窟睁大眼睛，打量着这世界，宛如片片莲花绽放。

佛窟里的秘密，随着丝绸之路上东西往来的商旅，传到长安城皇帝的耳朵里。龙颜大悦，国库的黄金白银，一笔一笔划拨而来。

断崖上，"叮叮当当"开洞凿窟的声音，一度盖过了大泉河哗哗的水声。

东晋之后，北凉、北魏、西魏、北周、隋、唐、五代、宋、回鹘、元等 11 个朝代，次第在这片土地上，变幻着城头的大王旗。

一千多年的时光，倏地一下就过去了。

在鸣沙山断崖上，人们前仆后继地开洞修窟。

用一千年的时间，前赴后继地专注于做好一件事。这样的事情，即便在整个人类的历史上，怕也是找不出几桩来。

今天的敦煌莫高窟，以735个洞窟、4.5万平方米的壁画，还有2415尊泥质彩塑佛像的巨大存量，构成了人间和佛国的交汇盛景，成为世界现存规模最大、修建时间跨度最长、内容最丰富多彩的佛教文化宝库。

我亲爱的好朋友，这是一个宗教的莫高窟啊！

如果只是这样你一个、我一个地开洞窟，莫高窟是不会那么声名远扬的。不知是哪个聪明人，最先想到，将大佛的尊容换成皇后，以便让地上的权贵，能在天上得以继续。

既然皇亲国戚这样做了，富贵腾达的民间大户就纷纷效仿。他们呼啸而来，马蹄带出飞扬的沙土，几乎遮蔽了洞窟。一个喘着粗气的老员外，每次来洞窟察看进展时，都不忘和画师们说说笑笑，并送上一小布袋沉甸甸的心意，却并不点破那点心思。

起初，画师们是厌恶的，认为会亵渎神灵。但一来二往，画师就想出了自我安慰的说辞：佛的前世本来就是人，人间万物在佛国也应该有。相由心生，画师这么想着，笔下的佛和老员外便有了几分相似。

这个私密，很快传开。

如来是佛，观音是佛。

你是佛，我是佛。

肃立的佛，是前世的我们。

我们，是今生行走的佛。

于是，借画师们的妙笔，搭上佛祖的顺风车，把自己和夫人的容颜绘到洞窟里，成了许多民间供养人心照不宣的集体行动。

就这样，1600多米的断崖上，大大小小700多个洞窟，如同一枚枚埋在砂砾中的珍珠，散发出比黄金还耀眼的光芒，成为世界文明殿堂一道永恒的景观。

千余年之后，当我走进洞窟时，久违的神秘感和庄严感，顿时从脚底升腾到心口。在第112窟，那缥缈的仙乐至今依旧在洞壁内回荡，翩翩起舞的伎乐天，半裸着上身，手持琵琶悠闲雍容、落落大方地在演奏。也许，是她猛地看见了什么，或者是她突然想到了什么，但见她在瞬间，一气完成了举足、顿地、勾趾、出胯、旋身五个连环动作，亮出了自己"反弹琵琶"的绝技。

好一个"反弹琵琶"，妙不可言！

那一刻，奏乐散花，云彩飞动，天花旋转。受到外力的裙裾，如飞龙舞凤般摇曳开了，项间的银饰、臂上的钏器顿时飞动起来。飞翔着的"反弹琵琶"飞天女神，定格了刹那间的动势，也定格了无名画师高超的技艺，成为世

人瞩目的敦煌壁画的经典。

　　灵动、欢快的飞天夫妇，在莫高窟的洞窟里飞翔了千年，如今早已飞出莫高，飞出敦煌，飞向世界，成为代表东方的艺术符号。

　　真的很想知道，那些创造飞天的画师和画匠们姓甚名谁。遗憾的是，接连走了几个洞窟都没有找到，连一个人的名字都没有找到。这些无名的艺术大家，犹如时间甬道里云烟般的过客，甚或是沙尘，漠风一掠，痕迹了无。好在他们把对生命的尊重和对艺术的虔诚，都统统藏在笔下的造型、线条和色彩中，留下了辉煌的艺术财富，也留下了无数的玄秘。

　　我亲爱的好朋友，这是一个艺术的莫高窟啊！

　　莫高窟九层楼对面的沙山坡上，有很多灵塔。

　　顶着烈日，快速地走了一遍，又仔细地找了一遍，始终没有发现乐僔的塔。也许，千年的风吹日晒，他的塔早就倒塌了。但在后世人的心中，都立着一座乐僔的塔。

　　那个生年不详的王圆箓的道士塔，还在。不但塔在，碑文也在。甚至，还在不久前被翻新了。让人说什么好呢？这个王圆箓！

　　王圆箓，湖北麻城人，后为生计流落到酒泉，入道修行。

做了道士的王圆箓，后来居然，居然阴差阳错地在这佛教圣地定居了。

他所有的幸或者不幸，都在 1904 年的那一天发生了——

天哪，天哪！

满当当的一个洞子，藏着全是东方的秘密！

王圆箓眯着眼，看了看天上的日头，又看了看地上的树影，想了又想，最后迈开双脚，徒步五十华里，向县令呈上了宝贝。县太爷随手扯开一卷，十个字七八个都不认识，就把话题又开了。从县城回沙漠的路上，王圆箓仰天长叹：老爷是个不识货的货！

不久，县令换成了一个进士出身的人。一身热汗的王圆箓，再次到敦煌，说出了秘密。很快，新任老爷站在了藏经洞前。如山的经卷，把老爷的目光拉直了，好东西，宝贝哪！猛然一转念，想到了银两的窘困，于是，老爷就威严地下令：本官即刻禀告朝廷，你且好生看管，不得有误！临走，那官老爷还顺了些宝贝。

连一小块碎银子都没得到，王圆箓真的很伤心。

天下之大，不信会没个识货的人。王圆箓挑了些宝贝，骑了头毛驴，这次到了肃州，见了道台大人，呈上宝贝。大人很认真地翻着，看了又看，鼻子吸溜了一下，说：什

么玩意儿，还没我的字好看呢？

回到洞窟的王圆箓，心有不甘。于是，在佛祖的彩塑前，在众多菩萨的见证下，一笔一画地给老佛爷写信，希望朝廷火速派人来保护宝贝。

一直到死，王圆箓都没有等到回信。

山河破碎，朝野动荡，老佛爷哪有心思理会这些沙漠里的宝贝。

后来，英国人斯坦因来了，在师爷的蛊惑下，王圆箓收下了四块马蹄银，高兴地挥着手，让对方拉走了24箱印本古籍和一大批佛画绣品。

不久，法国人伯希和来了，这个精通汉语的老外，用花言巧语和小恩小惠，在藏经洞待了一周多时间，挑出那些价值大的文献宝贝，用骆驼一股脑儿地拉走了。

再后来，日本人橘瑞超和吉川小一郎来了，"顺"走了一批宝贝。

没多久，俄国人奥登堡来了，"卷"走了一批宝贝。

接下来，美国人华尔纳来了，"弄"走了一批宝贝。

就这样，那些藏了千余年的5万多件中国宝贝，被各国盗宝人瓜分一空，漂洋过海，散落到12个国家的四十多个机构中。以至于，学术界一片哀叹：敦煌在中国，敦煌学在国外！

我亲爱的好朋友，这是一个屈辱的莫高窟啊！

苍天在上。

这世间，或许会有感应。

在王圆箓发现沙漠藏经洞的 1904 年，千里之外江南杭州西湖湖畔，一个名叫常书鸿的男孩子降生了。1935 年秋天，在法国留学的常书鸿，从塞纳河边一个书摊上，偶遇伯希和的《敦煌图录》画册。

这次偶遇，改变了常书鸿的人生方向。从画册中，年轻的常书鸿摸着了东方艺术的根，他从此对莫高窟心驰神往。

1944 年，常书鸿成了敦煌艺术研究院的创始院长。带着妻子和一双儿女，一家人从重庆来到了偏僻、破烂和艰苦的大泉河畔。

一年半后，常书鸿的妻子因忍受不了艰苦和寂寞，不辞而别。常书鸿骑马连夜追赶，直到瓜州也没有追上，最终倒在戈壁滩上。幸被找油的工人救出，身心憔悴的常书鸿，三天后才逐渐恢复。

从此，常书鸿扎根敦煌，几十年如一日地组织修复壁画，搜集整理流散文物，撰写了一批有很高学术价值的论文，临摹了大量的壁画精品，多次举办大型展览，出版画册，积极向更多的人介绍敦煌艺术，被誉为"敦煌守护神"。

苍天在上。

这世间，或许真有感应。

在常书鸿当上敦煌艺术研究院院长的 1944 年，张大千在四川举办了自己临摹的敦煌壁画展。正在重庆国立艺专读书的段文杰，看罢画展激动不已。若干年后，他说："看到张大千先生的临摹作品，我着了魔，所以我来到了敦煌。"

踏进莫高窟后，段文杰一刻也没有离开敦煌。几十年间，他临摹了不同时期的壁画 384 幅；创作的《都督夫人礼佛图》等作品，成为修复和保存壁画的重要依据；组织专家对莫高窟洞窟进行了一次全面的编号、测量和内容调查，参与组织编写了 240 万字的《敦煌学大辞典》等，被誉为"大漠隐士"。

苍天在上。

这世间，或许没有什么感应。

1962 年，北京大学历史系考古专业学生樊锦诗，以实习生的身份来到了莫高窟。大漠粗犷的风沙，让这个上海姑娘还未实习期满，就因严重的水土不服而提前离开了。

待到毕业时，敦煌研究院计划大面积加固洞窟，急需考古人才。樊锦诗二话没说，直接报名来到了敦煌。来之前，她和恋人彭金章说好，三年后调到武汉团聚。

没想到，在武汉等了 23 年也没有等到她，彭金章只好把自己调到了敦煌。四十多年来，樊锦诗完成了莫高窟北朝、隋朝及唐朝前期的分期断代，撰写了《敦煌石窟研究百年回顾与瞻望》，主编大型丛书《敦煌石窟全集》26卷。

特别是，她提出的用计算机技术，实现敦煌壁画、彩塑艺术永久保存的构想得以实施，首次将莫高窟用多媒体及智能技术展现在人们面前，被誉为"敦煌的女儿"。

苍天在上。

在这三任院长70年间的生命接力下，在无数敦煌研究者皓首穷经的努力下，硬生生地让敦煌学回到了敦煌所在的中国！

我亲爱的好朋友，这是一个争气的莫高窟啊！

夜色渐起，莫高窟的灯火暗淡了下来，敦煌的夜晚却在灯光中悄然沸腾。繁杂喧嚣的敦煌夜市，仿佛另外一个世界。

夜市的两旁，除烤肉、炒虾等餐饮摊点外，还摆满了很多带有丝绸之路元素的物什，诸如雕刻、首饰、工艺品、沙画、明信片、黑枸杞、李广杏干、杏皮水、葡萄干、杏干、哈密瓜干、丝巾、围巾等，都抢着挤着往游人们的眼里钻。

环望佛国洞窟的男人们和女人们，从天南海北云集到这里，或吃着烤肉，或喝着啤酒，或吸着酸奶，边往肠胃里塞着各种各样的世间美味，边漫不经心地闲扯着人世间的是与非。

一个微胖的中年男子，边咬着正从柳条上向下流油的烤肉，边大声地对同伴说："昨天的新闻报道了，宝鸡到兰州的高铁开了，以后来敦煌的人会更多。"

"莫高窟是永远的莫高窟，敦煌是人类的敦煌。要我看呀，今后要来的人，只会更多。"他的同伴狠劲地吸了口杏皮水，笑嘻嘻地接着说，"要不，咱也找个熟人看看，能不能从这夜市转个档口，弄点啥干干……"

敦煌夜市的一派人间烟火，和其他地方并没什么两样。没有人会想到，他们置身在漫漫黄沙的敦煌城。满街的人们，你来我往地拥挤着，让夜的敦煌，因多了一种世间的活泼，而显得别有一番风情。

夜色深了。

街灯迷离中，敦煌城中心盘道上，那尊反弹琵琶的汉白玉飞天像，定格了举足、顿地、勾趾、出胯、旋身五个连贯动作，一如既往地，保持着就要飞上天去的造型。

我亲爱的好朋友，这是一个世间的莫高窟啊！

当我和朋友踩着绿洲上的月光，深一脚浅一脚地回宾馆时，头脑里清楚地想到：这人类唯一的莫高窟，就在这唯一的敦煌城里。但同时，我的头脑中却总有好多个莫高窟和好多个敦煌叠加在一起。我不知道，怎么会有这样的感觉……

我亲爱的好朋友，等你和我都有空了，我一定陪你来，好好在敦煌住几天，认真地在莫高窟走走看看。相信你的收获，会更大。

写到这里，窗外的秋月，正白。

你最好的朋友

丁酉秋夜于敦煌

扫码收听

嘉峪关长城

位于今甘肃省嘉峪关市西南隅，因筑在嘉峪山麓而得名，建于1372年。嘉峪关地势天成，攻防兼备，与附近的长城、城台、城壕、烽燧等设施构成了严密的军事防御体系，被誉为"天下第一雄关"。作为明长城最西端的起点，于1987年12月入选《世界遗产名录》。

于细节处看风云

丝路家书

我亲爱的好朋友：

"远看长城，它像一条长龙，在崇山峻岭之间蜿蜒盘旋。从东头的山海关到西头的嘉峪关，有一万三千多里。"

我亲爱的好朋友，这是我读小学时，语文课文《长城》中的第一句话。

我清晰地记着，这是一篇要求必背的课本。我当时也确实背得滚瓜烂熟。可惜，现在把文章给忘了，只记下了这一句话。

在课堂上，老师让我们记住：长城是中华民族的象征。

老师说，从春秋战国时期开始，历朝历代的封建统治者都不遗余力地修筑长城。万里长城沿线，分布着山海关、居庸关、雁门关、娘子关、嘉峪关等多个重要关隘，历来是兵家争夺之地。

老师还说，嘉峪关是中国长城遗址中规模最大、保存最完整、形制最壮丽的关隘，是名副其实的"天下雄关"。作为明长城的西起点，嘉峪关比山海关还要早建九年。

从此，"嘉峪关"这三个字就像种子一样，在我幼小的心田上扎下根。

我亲爱的好朋友，从西安沿连（连云港）霍（霍尔果斯）高速一路西行，进入辽阔悠远的河西走廊，给我印象强烈的是：路旁的山真热情，不停地换着各色的衣裳，欢迎我们这些远道而来的客人。从宝鸡到天水，一路上的山是绿色的；从天水到兰州，一路上的山是光秃秃的黄色；从兰州到武威、张掖的路上，祁连山戴着那顶终年不化的皑皑白雪帽子；从张掖到敦煌的路上，鸣沙山上堆满了金子般黄灿灿的细沙。这一路走来，各种颜色变幻的山，如一条条立体的锦缎，变幻出丝绸之路的多彩与美丽。

向导说，之所以能看到不同颜色的山，那是因为山下藏有不同矿石所导致的。这五颜六色的山的下面，也许就埋藏着丰富多彩的无人知情的宝贝。

前往嘉峪关的路上，天空干净得像一块新出染缸的蓝布，地上是被烧成了黑渣的戈壁滩，左侧祁连山发出深蓝色的光，山顶依旧戴着那顶标志性的白礼帽，右侧的马鬃山通体红棕，像某位将军披着战袍策马前行，那马儿正在仰天嘶鸣。

接近嘉峪关后，一个最明显的感受是，原本辽阔的河西走廊，在两座大山的夹击下，猛地狭窄了许多，好一个险要之地。

我还没有调整好思绪呢，古色的嘉峪关就赫然立在眼前，以一副铜墙铁壁的威猛状，硬硬地进入到了我的眼里。

在时光走过六百多年后，这座建于大明王朝的长城关隘，依旧坚实，依旧敦实，依旧凝重地站在戈壁之上，对视着远道而来的我。暴脾气的日头，把我的影子打到宽厚的城墙上。

嘉峪关的建造者很聪慧，他们将筑城用的黄土，先放在青石板上，任关外的烈日将每一粒草籽都烤得焦透，然后晾凉了再使用。所以，六百年来，城墙上一直都干干净净，连一棵小草都不长。

热烘烘的空气中，祁连山下，远远走来的，是谁？是张骞？是班超？是霍去病？是匈奴兄弟？是突厥兄弟？是鞑靼兄弟？是蒙古兄弟？是准噶尔兄弟？是满载舍利和经卷的高僧？是前往长安贸易珠宝与香料的胡商，抑或是丝路沿线国家的使者……

但见，东来西去的骏马，西去东来的骆驼，让长安城的花香和地中海的海腥，交汇在这座雄关。一种前所未有的悠远之感，在我心头升腾。

走进瓮城，天地一下子小了。

我亲爱的好朋友，嘉峪关的瓮城和西安明城墙的瓮城非常相像。假如敌军攻破了第一道城门，进入瓮城后，那些守卫士兵就会在第一时间关掉城门，居高临下地对敌军进行"瓮中捉鳖"。站在里面，四周全是森严的肃杀之气。不过和西安城相比，嘉峪关城要小许多。

东边瓮城的门楼楣上，额刻着"朝宗"二字，是提醒朝廷派遣的官员，即便到了这偏远之地，也不要忘记朝廷和君王。西边瓮城的门楼楣上，额刻着"会极"二字，定格了从西域而来的丝路商客相会于此，然后友好地结伴前往中原朝拜天子的盛事。

会极门阁楼后檐台上，有一块青色城砖，那是演绎了六百年传奇的"定城砖"。传说大明正德年间，一个叫易开占的工匠，精通九九算法，算出修建嘉峪关"需要九万九千九百九十九块砖"。没想到，嘉峪关竣工后，果然用了99999块砖。还剩下一块砖，就留放在原地，成了独一无二的"定城砖"。

还有传说，这块砖是护城神特意留下的，砖在城安。

就这样，这块青砖，一放就是六百年。

这"会极"两字，只是丝绸之路一个小小的细节。我亲爱的好朋友，我想告诉你的是：宏大的历史，都是由一个个微小的细节构成的。这就像学习，要想取得好的成绩，得先把一个个知识点学扎实。那种忽视日常细节，想临时抱佛脚的投机者，即便侥幸能成功那么一时半会儿，却注定是不会走远的。老天是最公道的，谁付出了，他就回报谁。古往今来，大凡有成就者，都十分注重细节。细节决定成败，希望你能记住这句话，并且把这话的意思体现在行动上，落实在具体的学习、生活中。

除了瓮城门楼楣上的额刻，作为万里长城西疆的嘉峪关，不仅将城内的客栈、戏楼、庙宇、酒肆、将军府等建筑，以及城外的悬臂长城、长城第一墩完整地保留至今，而且还收藏了很多的细节——

嘉峪关下的九眼泉，是肃州八景之一。相传明洪武年间，征虏大将军冯胜征战河西，大破元军后，发现这里有很多祁连山雪水融化后形成的泉水。于是，在此选址筑土城。

在中国，九是个极限数字，说明这里的泉眼多，并不是确指仅有九个。后来，不知怎么的，这里的泉水居然干枯了。

可喜的是，进入 21 世纪以来，这九眼泉又开始喷涌泉水了。祁连雪山倒影在水面上，看上去宛如天边的白云落在泉中。

明清时期，西域丝路来客要进入关内，得进嘉峪关城门，去文昌阁领取通关文牒。城门门楣上的"嘉峪关"三个字，据说是乾隆皇帝的手书。内城开东西两门：东边的光化门，表示旭日东升，瑞气普照大地；西边的柔远门，则是明王朝实行民族怀柔政策的见证。在明万历年间陕甘道御史徐养量的五言古诗《嘉峪关漫记》中，他用"惠中绥万方，文教广四讫"十字，表达了对民族团结的渴望。

用黑山石条垒成的嘉峪关门洞，上半部为拱券式，下半部深 25 米、高 6 米、宽 5 米，这是古代"国门"的规格标准。所以，人们把从城门进入经瓮城到东闸门的道路叫官道，把从城门进入经内城南侧与外城夹道到东闸门的道路叫民道。

一阵战鼓声，从嘉峪关戏台上传来，是一群 21 世纪的艺人，在建于清乾隆年间的戏台上演征战戏。"离合悲欢

演往事，愚贤忠佞认当场"，戏台两侧的这副对联说的有道理，把戏剧高台教化的作用全说尽了。我亲爱的好朋友，让我感到惊喜的是，戏台上演员唱的是秦腔《庚娘杀仇》。在这天地苍茫的大漠深处，竟然有这纯正的大秦之音响起，这实在是一个意外的惊喜。

站上城墙，风吹关城，战旗猎猎，似有战鼓传来，顿时让人生出错觉。雄伟的祁连山，威武的黑山，绵延的万里长城，在大漠瀚海中蜿蜒伸向远方，丝路商旅的驼队铃声也悠扬远方。

嘉峪关是一道边关，一道大漠戈壁上古老的关防要隘，一道名震天下的"天下第一雄关"。两千年来，多少英雄豪杰，张骞、霍去病、班超、玄奘、马可·波罗、林则徐、左宗棠，披着烽烟从这片土地上经过，连通中亚、西亚，让世界知晓中国。

嘉峪关不是一道边关，它是一座不同朝代和不同民族的大熔炉。数千年来，汉、晋、唐、宋、明和匈奴、鲜卑、突厥、契丹、蒙古，在这里轮回上演着和平与杀戮、征服与被征服的历史剧。

最终，在嘉峪关这座大熔炉里，不同的民族、不同的文明息戈止战，融合凝聚成中华民族——这个世界东方的多民族共同体。

我亲爱的好朋友，我坐在嘉峪关城门楼上，像一块与祁连山对视的石头，陷入了无边无际的深思。

忽然，想起明代举人戴弁的一首诗——

烟笼嘉峪碧岧峣，影拂昆仑万里遥。

暖气常浮春不老，寒光欲散雪初消。

雨收远岫和云湿，风度疏林带雾飘。

最是晚来闲望处，夕阳天外锁山腰。

那时，嘉峪晴烟是著名的肃州八景之一。其他七景是南山积雪、北陌平沙、金塔凌虚、玉关来远、戍楼晓角、僧寺晚钟和清河夜月。

肃州是古地名，位于今天甘肃省酒泉市，是古丝绸之路上重要的历史文化名城。肃州与甘州（今甘肃省张掖市）一起，形成了甘肃这个名称。我亲爱的好朋友，说到肃州八景，我不由得又想到了关中八景。这是近年来西安一些名校小升初的必考题。我记得，你每次都记不全。幸好，这次我们随行者中有位文史专家，他向我传授了一首诗：

华岳仙掌首一景，雁塔晨钟响城南。

骊山晚照光明现，曲江流饮团团转。

灞柳风絮扑满面，太白积雪六月天。

草堂烟雾紧相连，咸阳古渡几千年。

　　我抄给你，希望你能记住。我还想对你说，在物质文化并不富有的古代，无论关中还是肃州，人们把眼睛盯向天地自然，发现藏在其中的美，并且努力传颂之，真好！

　　城下的同伴，远远地看不见我，就着急地大声疾呼我的名字，高叫：要开车了，该回了！

　　我站起来，把一身的晚霞，抖落在城墙上。

　　我不知道，什么时候还能再坐到这万里长城的嘉峪关上，再看那血色的夕阳，一点一点地融没在这黄色的漠海深处。

　　也许，这是我此生第一次，也是最后一次来嘉峪关了。

　　珍惜呀，我亲爱的好朋友！

你最好的朋友

丁酉秋日于嘉峪关

扫码收听

新疆

探真

XINJIANG

TANZHEN

克孜尔尕哈烽燧

位于今新疆库车县西北盐水沟河谷东岸的一处戈壁平台上。始建于汉宣帝年间，是汉唐时期长城防御体系中的一个重要组成部分，见证了古老丝绸之路的千年兴衰。2014年6月，作为"丝绸之路：长安—天山廊道的路网"组成部分，成功入选《世界遗产名录》。

风过哨卡

卷肆　新疆探真

我亲爱的好朋友：

　　说到新疆，你会想到什么呢？也许，你会想到那些眼睛深邃、鼻梁突出、面庞富有立体感的民族朋友；也许，你会想到在黑色戈壁上缓慢行进的驼队；也许，你会想到冬不拉、热瓦普的美妙音乐；也许，你会想到大串流油的红柳烤羊肉；也许，你会想到瓜果飘香时节那些流蜜的美食；也许，你会想到富有民族风情的绚丽歌舞……

　　在我们内地人的眼里，新疆好像就是这些呀。这些，当然是新疆了，但又不是新疆的全部。新疆实在是一个令人好奇的地方！就像现在，当我实实在在地站在塔里木盆

地库车大地上，看到满街道的烤串、烤馕、烤包子、抓饭、酸奶，听那悠扬铿锵的西域古乐在街头响起，目睹身着民族服装的居民在自由幸福地行走，我觉着自己像是穿越到了久远的西域三十六国。

库车，就是古西域三十六国中赫赫有名的龟兹国。地处丝路交通要冲的古龟兹国，历来是连接东西贸易、传承东西文明的重镇。无与伦比的地理优势，使得吸纳了不同文明的龟兹，率先成为西域三十六国中的强国。

早在西汉初年，这里就归于汉的管辖。

汉武帝设置西域都护府后，标志着以龟兹为代表的西域地区，正式归入中国版图。东汉时丝路一度中断，班超领命再通丝路，他在奏疏中直言："若得龟兹，则西域不服者，百分之一耳。"

唐时，库车是安西都护府所在地，统辖着西域全境的军政事务。唐朝诗人张籍，用一句"无数铃声遥过碛，应驮白练到安西"，定格了龟兹骑驿穿梭、商贾云集的繁华场面。

至今，当地还流传着一首古老的民歌，其中有几句这样唱："假如有通向东方的道路，它就是古老的龟兹，它是神灵慈爱的航迹，光明的舞蹈，传遍大地每个角落的歌声……"

我眼前的库车，没有一点儿龟兹古国的影子。得益于地下丰富的石油和天然气，库车这个东西狭长的小县城，已建设得十分现代化了。从街旁的院子可以看出，库车人非常热爱生活、爱美，每家的门前都干净整洁，院子里都种有大树栽有绿植。

街边的大馕城里，空中高挂着的、架子上放着的全是各式各样大小不同的馕。作为馕的代表，库车的馕，以大而薄著称。这里，真是个名副其实的大馕城！

除了馕，街头的很多店铺和摊点上，都有杏在卖。看到内地客人来了，维吾尔族大叔、大妈就热情地让人品尝。如果初春时节来，会看到千万株杏花盛开的景象，那粉的、白的花瓣荡漾在春风里，芬芳的香气弥漫整个库车，落英缤纷；在冬不拉曼妙的旋律中，能歌善舞的人们将欢跳优美的"赛乃姆"。

可惜，我来得不巧，错过了采摘的季节。拿起一块小白杏的肉干，咀嚼片刻，口舌生津。小白杏，维吾尔语读作"阿克西米西"，意思是白色蜂蜜。库车种植小白杏，已有两千多年历史了。因为日照时间长，所以库车小白杏的含糖量可与吐鲁番的无核葡萄相媲美。当地人幽默地说：没有杏花的库车，是假的库车。

在我有限的阅读储备中，龟兹是厚重与悠远的东西文明交汇地，是神圣和高洁的"西域乐都"和"歌舞之乡"。

多年前，我曾陪同欧洲友人在西安唐乐宫观看仿唐乐舞表演，里面就有龟兹乐。有西安音乐学院的教授朋友告诉我：从印度传入的龟兹乐，在隋唐时盛极一时；现在，人们广泛使用的琵琶、笙、箫、腰鼓等都是龟兹乐器。这位教授认为，西域乐舞是由印度或波斯商人传入西域，再从西域传进中原的。

当年的那些商人，虽然早就走远了。但是，他们传播的佛教和乐舞，却被长久地留了下来。被长久留下来的，还有那些丝路古道上的烽燧。在古龟兹国，至今还保存有30多处烽燧旧址，其中保存最好、位置最靠西部的就数克孜尔尕哈烽燧了。

从县城沿西北走10余公里，路在风沙中冷冷地向远方延伸。在盐水沟河谷东岸的戈壁滩上，蓝天白云下赫然站立的，就是克孜尔尕哈烽燧。

远远望去，烽燧孤零零地立在戈壁滩上，像两个并肩直立的哨兵，虽历经两千多年的风风雨雨，却依然背倚却勒塔格山，面向龟兹古城的遗迹，忠诚守卫着每一寸土地。

走近细观，才知它和汉长城一样，也由树枝、木楔和

沙土夯造而成，只是烽燧顶部还保存着明显的木结构遗迹，可以看到有平铺的木头，也有立柱。我猜想，顶上面原本应该是一座望楼吧。

那些裸露在外的木头，已经严重风化，阳面上端呈凹槽状，缺口有几米高。整个烽燧下粗上细，由基底向上逐渐收缩，呈梯形，残高约13米，底边东西长6.5米，南北长4.5米。

古往今来，得情报者，得天下。

烽燧就是烽火台，是国家设在边防线上的重要军事情报传递设施。历朝历代都有一套严格的烽燧制度。早在周朝，周天子就昭告天下，天子起烽火，诸侯须带兵驰援抗敌。来敌五百人，就举一道烽燧；来敌更多，则举更多道烽燧。

我亲爱的好朋友，西安临潼区有座山叫骊山，山上有个烽火台，著名的"烽火戏诸侯"就发生在那儿。周幽王为博褒姒一笑，居然点燃烽火，四方诸侯见后，以为犬戎来犯，纷纷带兵前来，结果发现被戏弄了。后来，当犬戎真的来犯了，周幽王再点烽火时，却没有一个诸侯来救。于是，西周灭亡了。

到了西汉，为保证丝绸古道的畅通，在沿线每隔十里，就设置一个烽燧。这一个个连绵的烽燧，像一个个螺丝钉，连接边境线上的城堡、驿站、交通要隘，构成一道稳固的军事防线，拱卫中原王朝的统治。

克孜尔尕哈烽燧，就连着轮台拉依苏、孔雀河和楼兰烽燧，远至敦煌玉门关、阳关烽燧，最后一直通到长安。

一旦发现敌情，守卫烽燧的士兵，在白天点狼烟为燧，在夜里点火为烽，将情报传给下一个烽燧。就这样，击鼓传花般一直传到帝国的都城。

只要有烽火起，就意味着战争的大幕已徐徐开启。这种古老的烽火传递情报制度，一直沿用到了清代。

我能想到，当年那些将士和商旅，正是迈过这道"哨卡"，才走向古三十六国中姑墨、乌孙、温宿、疏勒等国的。我能猜到，西域的各类信息，每一次都最先传递到这道"哨卡"。

我亲爱的好朋友，在古突厥语中，克孜尔尕哈是"红色哨卡"的意思。在库车，至今还流传着一个凄美的故事。传说，这烽燧是古龟兹国一个国王建造的。因为有预言家报告说，地上的毒蝎会要了公主的命。爱女心切的国王，就让人在盐水沟大路边，建了一座高塔，让公主从王宫搬到塔里去住。谁也没有想到，毒蝎竟然钻到国王送去的苹果里。可怜的公主死后，人们就把这座土黄高塔称为克孜尔尕哈，希望它能像"红色哨卡"那样护卫平安。

又起风了，吹得人几乎站不稳。

当地人说，这是个老风口。一年到头，天天都刮风，每天下午要刮两个小时的大风。到了每年三月、四月大风季，肆虐的风排山倒海地刮来，简直是地动山摇。

　　风的声音，像是那痛失公主的国王发出的悲怆呼号。风这把软刀子，把这座两千多岁的烽燧，划得遍体鳞伤。

　　想起那首《晚风吹过哨塔》："晚风吹过哨塔，天边一抹红霞，年轻的士兵巡逻归来，枪口一朵野花，一样的英俊少年，一样的英姿挺拔，一身征尘更显得威武潇洒。遥远的边关，美好的年华，忠诚的步伐走过春秋冬夏……"当然，这是唱给当代驻守边关军人的通俗歌曲。

　　但在我看来，克孜尔尕哈烽燧就像一个满脸沧桑的哨兵，守卫着岁月的平安，用风一样的声音，娓娓讲述着丝绸之路上那些并不如烟的古老往事。在苍茫的天地间，两千多岁的克孜尔尕哈烽燧，将历史的碎片深深地藏在心中，在肆虐的风中，叙说着我们这个多民族国家的血脉深处的记忆。

　　蓦然间，这样一组跳跃的意象，在我头脑中连成了串儿：是烽燧联结中原王朝与西域的信息传递，是烽燧打通了中原地区与西域的贸易往来，是烽燧加速了中原汉人与西域各民族的融合，是烽燧把璀璨的西域文化传向世界。

　　天地有大美，而我们，往往是幼稚的。

面对傲然矗立的克孜尔尕哈烽燧，我突然觉察到自己是那么那么的渺小，以至渺小得连一句话也说不出来。我亲爱的好朋友，我只好沉默地看，只好沉默地听。

从央视《远方的家·长城内外》栏目，我曾看过这样一条信息：住建部测绘院遗产研究所，测量了烽燧5年间的变化，结果发现烽燧的总体量少了4立方米。被风蚀掉的体量，是整个总体量的百分之一。

再次凝望这巍然耸立的克孜尔尕哈烽燧，我想它真的是老了，已经两千多岁了。面对这老态龙钟的烽燧，我所能做到的，也只能做到的，就是再多看它几眼。

我不知道，下一个两千年后，我们的子孙，还能看到这挺立的红色哨卡吗？假如那时候，这红色哨卡还依旧挺立，他们会和我一样，因为感到自己的渺小，而在这自然造化中默然无语吗？

我亲爱的好朋友，写到这里，我不由得又无语了。

我为什么无语？你懂的。

你最好的朋友
戊戌白露于库车

扫码收听

克孜尔石窟

又称克孜尔千佛洞，位于今新疆拜城县明屋塔格山的悬崖上，是中国开凿最早、地理位置最西的大型石窟群，始凿于公元3世纪，公元9世纪停建，是古丝路龟兹国的重要文化遗存。2014年6月，作为"丝绸之路：长安—天山廊道的路网"组成部分，成功入选《世界遗产名录》。

丝 路 一 家 一 书

"故事的海洋"在哪里

我亲爱的好朋友：

从克孜尔尕哈烽燧向北张望，一大片灰色的怪丘，挡住了我的视线。这突兀而现的雅丹地貌，让我仿佛置身在好莱坞科幻大片中的外星球上，眼前全是怪异的丘陵，透出荒诞和恐怖的森然气息。

我亲爱的好朋友，我马上要去的克孜尔石窟，就隐身在那片灰色的怪丘中，距离克孜尔尕哈烽燧仅有一箭之遥。走近后，看了碑刻的铭文，我才知道已经从库车县到了拜城县。

和龙门石窟、麦积山石窟、炳灵寺石窟、莫高窟一样，克孜尔石窟也是修建在一个依山傍水的好地方。抬眼望去，宽阔的悬崖之上，如蜂房的克孜尔石窟鳞次栉比。悬崖下，白杨翠绿，红柳招摇，一条宽阔的河流四季都在歌唱。

在明屋塔格山的悬崖和木扎特河河谷之上，人们从公元3世纪开始修建石窟，直到公元9世纪才停工。比莫高窟还早170多年的克孜尔石窟，是中国开凿最早的石窟，是中国地理位置最西的石窟，也是世界上延续时间最长的石窟。

因为克孜尔石窟的存在，使得西域古龟兹国成为佛教从印度西北越葱岭，经塔里木盆地到中国后的第一现场，成为古代中国、古代印度、古代波斯、古代巴比伦、古代埃及、古代希腊、古代罗马等七大古老文明的交融地。

高耸在石窟前广场上的，是一代高僧、翻译家鸠摩罗什的坐像。我亲爱的好朋友，鸠摩罗什是丝绸之路上一个绕不开的大人物。这么说吧，新疆的龟兹，是他的出生地；甘肃武威的鸠摩罗什寺，是他进入内地驻锡17年的地方，寺内古塔还供奉有他的舌舍利；西安高新区草堂街办的草堂寺，则是他翻译佛教经典的场所。

鸠摩罗什的父亲鸠摩罗炎，从天竺国到龟兹国来修行。后来，龟兹国王将自己的妹妹嫁给了鸠摩罗炎，两人生下的孩子就是鸠摩罗什。7岁时，罗什被母亲送到苏巴什佛

寺去修学。11岁时，罗什就被罽宾国（今克什米尔地区）国王尊为国师。后来，他的足迹遍及月氏、疏勒、莎车等国，终成一代大师，盛名从西域传到中原。为能迎请他，前秦王苻坚派吕光率7万大军攻打龟兹并获胜，将罗什挟持到长安。

公元383年，淝水之战爆发，后来苻坚被杀，姚苌称帝。得知消息后，吕光在半路上的姑臧（今甘肃武威）称帝，建立后凉。于是，鸠摩罗什就在姑臧住了下来。这一住，就是17年。其间，罗什跟当地居民学会了汉语。

后来，姚苌的儿子姚兴在长安继位，史称姚秦。为能迎请鸠摩罗什，姚兴发动一场战争，消灭了后凉。到长安后，罗什被奉为国师。姚兴专门修建了草堂寺，供罗什译经。各地慕名前来拜师求学的僧众，多达3000人，留下了有名的"三千弟子共翻经"之佳话。佛学造诣登峰造极的罗什，12年间，率领译僧孜孜不倦地译经，共译佛经70余部、300卷。

至今还被传为神奇的是，罗什70岁时感到大限将到，在草堂寺立下誓言：假如我所传的经典没有错误，在我焚身之后，就让我的舌头不要烧坏，不要烂掉！果然，罗什圆寂后，弟子依佛制焚身，他肉身尽化，唯舌头不烂。

至今，罗什的舌舍利，还供奉在武威鸠摩罗什寺塔下。这次沿丝路探访时，我特意去了武威的鸠摩罗什寺。那藏有大师舌舍利的高塔，悬在四角的风铃阵阵作响，塔身剑一样直刺蓝天，需仰视才能见全貌。

我仰望时，阳光恰好照到塔顶，形成了一个闪亮的光晕。整个塔尖，都被笼罩在光晕中。周围的游客看了，连称是奇观。

还记得吗，我亲爱的好朋友？在河南探踪时，我曾和你说过，东汉明帝时，在洛阳修了中国第一座寺庙白马寺。但是，汉之后，佛教在中国并没有兴盛，为什么呢？一个很重要的原因，那时翻译成汉语的佛教经文艰涩难懂，太不方便传播了。

我想，最早翻译佛经的人，可能不是天竺国人，也不是中国人。当时，两国的往来还很稀少，能精通两国语言的人，也许还没有出现。很有可能是，介于丝绸之路天竺和中国之间的大月氏人、安息人、康居人或于阗人。因为丝路贸易的需要，他们较早地掌握了粗浅的梵语和汉语，所以翻译佛经的可能性会更大一些。

而改观这种翻译局面的人，就是鸠摩罗什。

当然，这只是我的大胆推想。

面对鸠摩罗什的坐像，我在想：人生自古祸福相依，道路从来都是曲折迂旋。从某种意义上说，正是这种不可预料性，成就了历史的厚重。东行的罗什，应该感谢被羁押的 17 年，淬火般造就了他对汉语的精通。

他用"大千世界""一尘不染""天花乱坠""想入非非""粉身碎骨""火坑""烦恼""苦海""魔鬼""世界""未来""心田"等通俗易懂的汉语，为普罗大众呈现出了印度佛教的真义。

加之统治者大力推广，促使佛教很快在中原大地上进入一个空前绝后的全盛时期，并最终和儒学、道教这两大中国土生土长的文化一起，共同构成了中国的三大思想体系。

踩着新修建的栈道登临石窟，我有一种在峭壁攀行的惊心动魄感。石窟内，那些底色偏蓝的壁画，像一部丝路纪录片，定格住那些久远的文明。在以褐色为主的早期壁画上，有明显的古印度犍陀罗风格的影子，而中后期的壁画，则揉入了中原画的风格。这些壁画，是古龟兹文化和佛文化共同孕育的宝贝。

在第 17 窟主室的券顶上，我惊异地看到：一个个美丽的佛本生故事，被画在一个个的蓝色小菱形格子里。这是我在丝路沿线其他石窟中，所没有见过的独特景观。

因为当天只有我一个人在参观石窟，所以头发茂密而卷曲的维吾尔族看守者，就好心地一路跟随。能讲一口流利汉语的他告诉我，底色的蓝之所以历经千年不褪色，是用阿富汗青金石打底的缘故。

阿富汗距这里，有1500多公里。古人能将青金石运到这里，一定费了不少工夫。当年，画师们将金粉和金箔绘涂在佛陀的袈裟上，至今看起来，依旧金光闪闪。

维吾尔族看守者说，从这些菱形格里，专家已经分辨出了40多幅有情节的佛故事。

莫高窟、云冈石窟和龙门石窟中的佛本生故事，加起来不到90种。但是，在克孜尔石窟近万平方米的壁画上，已发现绘有佛本生故事170多种，因此克孜尔石窟也被人们称为"故事的海洋"。

细心品鉴这些连绵的佛故事，有种置身海上一浪高过一浪的感觉，使人不由得沉醉其中。我告诉维吾尔族看守者：在莫高窟看到的壁画，是用连环画的形式来表现"本生故事"的，并没有见到菱形格画。受空间限制，菱形格里画的是故事最核心的部分，人或动物是构图的中心，四周的背景边衬都很少。菱形格画，挺像现在的漫画，一画一故事。

克孜尔石窟是中国开凿最早的佛教石窟，让我想不明白的是，画师画成菱形格子的创意，最初是从哪里来的？或者说，最初的画师队伍中，是不是还有沿丝路来的外国画师？

维吾尔族看守者愣了一下，尴尬地笑了笑，露出洁白的牙齿，真诚地说：这问题太深奥了，我也不知道答案。

那么，就让我把疑惑留在这"故事的海洋"吧。

我亲爱的好朋友，在给你写这封信时，我还是很想知道答案。真心期待在不久的将来，有谁能告诉我答案。你说，会是你吗？

你最好的朋友

戊戌白露后二日于拜城

扫码收听

苏巴什佛寺遗址

又称昭怙厘大寺，建造于公元 3 世纪至 10 世纪，位于今新疆库车县城东北却勒塔格山南麓。现存有库车河东、西岸的两片佛寺遗址群，出土的丝织品、古钱币、器物和文书，佐证了丝绸之路古龟兹地区发生的多种文化和商贸交流。2014 年 6 月，作为"丝绸之路：长安—天山廊道的路网"组成部分，成功入选《世界遗产名录》。

没有谁能随随便便成功

我亲爱的好朋友：

　　几年前，读过一篇写龟兹毛驴的文章，我就动了到龟兹乘一次驴车的心思。文章中有这么个细节，说古龟兹国也就是今库车县，现有四十万人，驴子四万头；一辆驴车很轻松能拉十个人，假如四万辆驴车集体出动一次，就能把全县的人一次性拉光。

　　读到这个细节时，我就想：这点活儿，对驴子来说不算什么；但对库车来说，绝对是大事。在库车，我不止一次见到驴子：有的在主人的沙哑声中，边拉车边悠哉悠哉地享受木卡姆的魅力；有的站在地垄高处，在品味荒野乐趣之余，还不时对太阳肆无忌惮地吼叫几声，叫声在沟谷久久回荡；有的在暮色降临前，拉着一家老小和从大巴扎选购的物品，奋蹄奔跑在回家的路上……

现在，我亲爱的好朋友，我坐在一辆包来的驴车上。驴脖子上有一串铃铛，一动就发出清脆悦耳的声音。也许是受到了铃铛声的诱惑，赶车的维吾尔族大叔哼唱了起来，起初是低声，后来唱到高兴处，就干脆放开喉咙使劲唱。虽然听不懂歌词意思，但很好听的曲调却会感染人。让我对即将考察的苏巴什佛寺遗址充满了幻想，那里应该也有飞扬的歌声吧。

一路上，一辆辆的驴车像一节节小火车，欢快地在我眼前驰过。在那个遥远的年代，驴子也曾是丝绸之路上重要的运输工具之一。体格弱小的驴子，长着一颗强大的心。它们总是走在前面，引领着驼队穿过大漠，翻越崇山峻岭，将流通带到世界。从我眼前驰过的驴车，还真有些当年丝路商贾驼队的影子，迎着猎猎的西风，载着中国的丝绸、茶叶、瓷器和中原文明，穿越帕米尔高原，经西亚、南亚，一直走到欧洲。

抵达却勒塔格山脚下时，烈日炙烤下的沙石，蒸腾出股股吓人的热浪，苏巴什佛寺遗址就隐身在一片废墟中。

抬眼望去，刺目的阳光照射着已经伫立千年的断壁残垣，面对逶迤散落的残破的遗址，一望无际的沙漠、戈壁显得格外空旷、荒凉、寂静。繁华不在、人去楼空的悲壮袭上心头，同时心生一些失望，还伴有一些绝望。

沿着木栈道，小心翼翼地缓步前行，很容易看到，一条库车河谷将整个遗址区分成了隔河相望的东西两寺。苏巴什佛寺遗址总面积约 18 万平方米，是新疆地区迄今发现的最大的佛寺遗址。

苏巴什佛寺现在还残存着的，有土坯建造的东寺房舍和塔庙遗迹、西寺的三座佛塔遗址，以及北塔内那些有壁画和龟兹文题记的佛洞等珍贵遗存。20 世纪初期，日本的探险队在苏巴什佛寺西寺内，曾挖出一个由红、白、蓝三种颜料和金箔包裹着的舍利盒；剥离金箔后，发现了一幅完整的大型龟兹乐舞图。此后，还有考古者发现了大量的铜钱、铁器、木简、经卷等物品，说明寺庙在东汉时就存在了。

偌大的古遗址里，只有我一个人，撑把防晒伞，独步前行。站在一堵近十米的残壁前，阵阵炽热的风从耳边响过，踩在砂石上，脚下发出此起彼伏的撞击声，仿佛远古诵经人的吟唱。我让心慢慢地静下来，想起了两代在此隔空"相遇"的高僧——鸠摩罗什和玄奘。

我亲爱的好朋友，我在前面给你讲过的，龟兹高僧鸠摩罗什7岁时，被母亲送到苏巴什佛寺修行佛学。罗什在这里打下了扎实的童子功，成年后在此开坛传经，成为名震西域和中原的高僧。这才有了前秦王苻坚，为了一个僧人发动一场战争的后话。罗什的一生，一波三折，历经重重困难，实在是不容易。

　　在鸠摩罗什身后大约400年，从长安偷渡而来的唐玄奘，来到了香火鼎盛的苏巴什佛寺，一下子就喜欢上了这里。在《大唐西域记》中，他按捺不住内心的激动，写道："荒城北四十余里，接山阿，隔一河水，有二伽蓝，同名昭怙厘，而东西随称。佛像庄饰，殆越人工。""东昭怙厘佛堂中有玉石，面广二尺余，色带黄白，状如海蛤，其上有佛足履……"心生欢喜的玄奘，在这里开坛讲经授法，一住就是60天。

　　因为有了这两位高僧的故事，苏巴什佛寺至今吸引着很多佛教徒。我买门票时，看守人就介绍经常有各地的僧人来这里打坐，甚至还有日本和韩国的游僧。他们一打坐就是好几个小时，好像能接收到当年残留的气息。

　　站在无垠的戈壁荒漠中，在一处处高台残垣间走动，看着高大厚实的断壁间，佛塔反射出艳阳的金光，沙石也泛着刺目的光，思古的幽情很容易漫上心头。不时有僧房、

经堂遗址，在木栈道的旁边出现。嘘——，闭上眼睛，你听，那久远的万千僧侣诵经声，还有丝绸之路上的商队、士兵的脚步声，正从心头传来。

鸠摩罗什当年修行的地方，我找不到了；玄奘当年讲经的地方，我找不到了；那一度辉煌的龟兹文明，我也找不到了。

只有，苏巴什曾经高大的经塔，在大漠风沙年复一年的剥蚀中，剩下残存的半截子，寂静地散落在戈壁荒漠，显得那么落寞。

"苏巴什"在维吾尔语中，是"水的源头"或"龙口"的意思。在当地人的眼里，佛寺所在的区域是女儿国，将佛寺一分为二的库车河，就是《西游记》中的子母河。

可惜，现在那条河已经干枯了。只有下雨时，才有水。或许，正是有了玄奘西行取经在此滞留的"因"，这才有了《西游记》里那段唐僧师徒女儿国的"果"吧。

很难说清楚，是苏巴什佛寺成就了两位高僧，还是两位高僧成就了苏巴什佛寺？

在我们这些后世人的眼里，鸠摩罗什和玄奘，无疑都是历经沧桑、坚守信念的成功者。在通往成功的路上，从来没有谁能随随便便成功。放眼古今中外，只有那些跨越了失败缠身的困扰，在最困难的地方站住脚、生下根的人，才能享受到成功带来的荣耀。

我亲爱的好朋友，你要记着：成功从来都长着一张"困难脸"，披着一件"危险衣"。成功从来不是一个独行侠，总是和勤学、苦练、坚守、拼争、自律等几个小伙伴一路结伴前行的。想一想，你有几个这样的小伙伴？

　　就像你的成长无法抄近道那样，成功也从来没有短平快的捷径。在困难面前，一定要再多坚持一会儿，要抱定信念，持之以恒地坚持。

　　走出古城遗址，我又一次见到了卖票的看守人。他笑着告诉我，几年前有关部门曾想在此修建一条库车至俄霍布拉克煤矿铁路支线，说是要从西寺与东寺间穿越通过。后来，经过国家文物局、铁道部和自治区人民政府交涉，最后对库俄铁路支线进行了重新优化处理。

　　"不然的话，你看到的苏巴什佛寺遗址，要么是另外一个样子，要么很快就会没有了……"看守人的这话，让我竟一时不知是该悲，还是该喜。

　　万物有灵，我亲爱的好朋友。

你最好的朋友

戊戌秋日于库车

扫码收听

高昌故城

位于今新疆吐鲁番市高昌区，始建于公元前 1 世纪，是西汉王朝的屯田军队在车师前国境内所建。汉唐以来，高昌是连接中原、中亚、欧洲的枢纽，既是丝路经贸活动的集散地，又是世界宗教文化的荟萃地。2014 年 6 月，作为"丝绸之路：长安—天山廊道的路网"组成部分，成功入选《世界遗产名录》。

头顶熊熊烈火的废城

我亲爱的好朋友：

还没有驶入吐鲁番境内呢，空调车的冷气就蔫了下来。前所未有的热，严严实实地包裹了我们。有着"火炉"之称的吐鲁番，绝非浪得虚名。

走在宁静的吐鲁番，看到许多房子上，都盖着镂空的砖格间。不用多解释，我亲爱的好朋友，你应该知道那是晾房，《语文》书里有讲过的。每年葡萄成熟后，当地人就把成熟了的葡萄挂在里面，慢慢地风干，成为香甜可口的葡萄干。

吐鲁番是"吐鲁番的葡萄熟了，阿娜尔罕的心儿醉了"的吐鲁番，是"阿凡提智斗巴依老爷"的吐鲁番。来到吐鲁番，葡萄沟自然是一定要去的。

　　未进葡萄沟，就看见一位维吾尔族老人，跪在铺毡上招揽生意，这是维吾尔族人传统的买卖方式。我们进入他家的葡萄园，抬头低首，拧身侧脸，看到的风景都各不相同，就连空气中也传递着葡萄沟特有的丝丝甜意。宽阔高大的架廊上，爬满了粗大的葡萄藤，黄中透红的卷叶下，藏着一串一串碧绿盈盈、颗颗欲垂的葡萄，好像张着小嘴歌唱：大山深处白云在传说，吐鲁番的葡萄会唱歌……

　　在这个炎热干燥的吐鲁番盆地，水是极其稀缺的宝贵资源，这里全年的降雨量仅有 6 毫米。聪明的吐鲁番人，把天山上消融下来的雪水，用坎儿井的方式收纳积蓄起来，供生产生活所需。

　　去过坎儿井博物馆，我才知道坎儿井的构造，原来是这样：人们先打出若干的竖井，再在竖井间凿洞为渠，巧妙借助地势的落差，将天山的雪水引到地下渠，最后把地下水引到地上来。

　　一方水土造就一方人，一方人也改造了一方水土。仅吐鲁番地区，就有一千多条坎儿井，其长度超过了长江，也超过了黄河。坎儿井，以及万里长城、大运河，被誉为古代中国的三大工程。

我亲爱的好朋友，我要去的是高昌故城。手机地图上显示，位于吐鲁番以东约四十公里处。地域宽广的新疆，有一个最大的特点，那就是开车时司机的视野很开阔。

道路两旁，连绵不断的，是低矮的泛着赤褐色光芒的山包。当然，有时也会有一个很突兀的大顶棚出现，那是高大的加油站，像蒙古包似的站在路边，让人离老远就能望见。

在窗外，我再一次看到了火焰山！

远远看去，那山是红色的。待到正面看时，山色却有些发黑了。向导说，火焰山的山体由红砂岩构成，观察角度不同，看到的颜色也就各不相同。

和昨天我迎面看到的感受一样，火焰山的正面是一道道的沟壑。和陕北黄土高原的沟壑不同的是，这里的沟壑像是大地脱水后，皲裂出来那种很深很深的沟壑，让人看后有一种残酷和可怕的感觉。

这就是火焰山，正如《西游记》所记载："无春无秋，四季皆热。那火焰山有八百里火焰，四周围寸草不生，若过得山，就是铜脑袋、铁身躯也要化成汁哩！"实际上，东西走向的火焰山长九十八公里，南北宽九公里，小说里说的八百里，显然是为了满足艺术化传播的需要。

和昨天一样，我看见很多人在火焰山前照相。说老实话，我昨天也照了几张相，但夜里再翻看手机时，就没有现场的感觉了。这也正中了人们常说的那句话，看景不如听景好。要知火焰山的厉害，只有身临其境了，因为现场的视觉效果是再好不过的了。

从车内看，路旁的树木和维吾尔族村庄在向后跑。开车的维吾尔族小伙子很开心，欢快地唱起了我听不懂的维吾尔语歌曲。车拐过一个弯儿，就看见一个乡政府的门牌，路上的车子和行人多了起来，让人顿时有了一种渴望融入的感觉。

这时，一截高大的古城墙，猛地从一户人家墙体的上方闪出来。因为两堵墙都是土砌的，又紧紧地挨着，我像是被什么推一下，感到自己穿越到了古代。

"噢，高昌故城，到了！"维吾尔族小伙帅气地摊开双手，那眼神似乎在询问：怎么，你还不下去看看？

高昌故城很大，极目所见黄土漫漫，故道两侧全是土墙，林立着断壁残垣。这些破败的黄土建筑，经受住了几千年的风雨侵蚀，却被时间雕刻成千奇百怪的样子，让人恍如步入一座怪诞的"鬼城"。谁会想到，这里曾是丝路上西域境内最大最繁华的明珠之城！

环视远处，全都是半坍塌的风化了的土堆。有的上面还有洞，那是有人住过的房子。中间处，有些土堆是尖的，想来是过去的佛塔吧。遥想南来北往、熙熙攘攘的丝路来客，曾把这里挤得水泄不通，现在却只有空荡荡的一大片荒废的空地，历史的沧桑感，真的能让人醉了。

"正北方，那是宫城，是高昌王的住所！"指着一堆品相稍好的土建筑，维吾尔族小伙告诉我。从视觉上看，那土堆的建筑质量，确实比周围的要好一些。我看着那个孤零零的大土堆，不知怎么的，竟动了爬上去鸟瞰全城的念头。

很快，又打消了这个念头。如果来这里的人，都有这不雅的念头和行为，那么，那个曾经是王宫的土堆，用不了几年就会夷为平地。那个土堆上发生的历史真相，就永远不会为人所知了。万能的上苍啊，请原谅我那一时产生的私念吧。真是罪过！

回过头，我又一次看见了火焰山！

5公里开外的火焰山，仿佛熊熊烈火在烧的火焰山，那一道暗红色的背景，更衬出眼前这废墟的黄色！

这时，我突然有个感觉，脚下的这座城，这座头顶火焰山的城池，是被它头上的火焰山给烧掉的！我有些被自己的这个想法吓住了，连忙掏出手机，没想到信号居然是满格。我拨通029114，播报员清亮的"114查号台为您服务……"，立即响在这片废墟上。

我却一个字也没有说。传一些古长安今天的新气息，给这故去的高昌，让它们在千年之后再发生一次联系吧。

始建于公元前 1 世纪的高昌，维吾尔语的意思是"亦都护城"，也就是"王城"。《北史·高昌传》中，称它因"地势高敞，人庶昌盛"而得名高昌。

高昌之所以能成为让我们凭吊的故城，和当年长安城里的两个男人有关。

第一个和高昌有关的长安城的男人，是汉武帝刘彻。刘彻派张骞出使西域，张骞虽然没有完成预期的任务，但却发现了大宛国有大宛马——能够日行千里、踢踏飞鸟的天下良驹。

这消息，打动了爱马心切的刘彻。于是，他派人用金银去大宛国换宝马。没想到，求马不成，使者还被杀。雷霆大怒的刘彻，令贰师将军李广利率数万人西征，发兵大宛国。

汉军的大部队到达西域后，各小国紧关国门，粮草很快成了大问题。途经高昌时，贰师将军发现此地"地势高敞"，宜于种植，便留下一批士兵在此，负责屯田种粮和建造要塞。后来，依靠高昌供给的粮草，汉军战胜了大宛国，刘彻得到了他心爱的大宛马。

再后来，高昌城内外人来车往，马嘶驼吼，皮肤各色、发式各异的胡商们，把苜蓿、葡萄、香料、胡椒和宝石带到这里，在商肆骈列的高昌城里换走中原人的丝绸、茶叶……

就这样，高昌成了丝绸之路上的商业贸易集散地，也成为汉朝中央政府在西域的政治中心。古书上记载，高昌城最繁华时，城墙间的大铁门就有 12 个。

第二个和高昌有关的长安城的男人，是唐玄奘。就是那个偷偷离开长安，到西天取经的玄奘。他是在历经了很多磨难后，才到达高昌的。在高昌，好运气终于光顾到了这个意志坚定的孤苦僧人，他遇到了一位狂热的佛教爱好者——高昌王鞠文泰。

鞠文泰得知玄奘从东土大唐来之后，不但在深夜里亲自举着火把出宫，还捧着香炉将玄奘迎接到了后宫。第二天，鞠文泰亲自邀请玄奘给臣民讲经，他还跪下，把自己的脊背当成台阶，让玄奘踩着走上讲坛。

几天后，鞠文泰宣布聘玄奘为国师。他想把玄奘作为自己的私产，永久地留在高昌。没想到，玄奘执意西行，决绝地在四天四夜里不吃不喝，以死相抗。这个信佛的高昌王，只好和玄奘结拜为异姓兄弟，还赠送了很多金银、马匹和 25 名仆役。

心细如发的鞠文泰，还给从高昌到天竺的二十四国的国王，每人写了一封放行的信，恳请大家代自己照顾贤弟玄奘。玄奘离开那天，高昌城全城相送，鞠文泰更是失声痛哭，亲自送至百里外的交河城，这才依依惜别。

被一片赤情感动的玄奘，承诺取经回来后，将在高昌留住三年，继续为高昌王及其臣民讲经。十八年后，当在天竺大红大紫的玄奘归来时，高昌国灭亡了。这段感人的故事被后世的吴承恩知道了，在他的《西游记》里，就有了"孙悟空三借芭蕉扇"扇灭火焰山大火的神奇故事。

唐朝完全掌控高昌之后，就在当地大兴土木，一心要建成一个"小长安"。据说，当时还参照长安城大小雁塔的样子，也在城里修了两座大小不一的佛塔。可惜，我去了之后，一个都没有找到，哪怕是蛛丝马迹也没有。

倒是唐朝派来担任交河道行军大总管的侯君集，在高昌城里第一次品尝到了马奶子葡萄酒，感觉味道非常不错。

于是，他搜集到当地酿制葡萄酒的方法，派人送回了长安城。唐太宗很高兴，在大明宫里亲自种植葡萄，学会了几种酿造葡萄酒的方法。

不久之后，唐朝的诗人们就兴起边品葡萄酒边作诗的潮流，也就有了那句"葡萄美酒夜光杯，欲饮琵琶马上催"的千古绝唱。

9世纪时，由漠北西迁来的回鹘人，在这里建立了臣属中原王朝的高昌回鹘王国。1208年，回鹘归顺成吉思汗，也就是史书上说的畏兀儿王国。1283年，高昌城毁于战火，高昌回鹘王国灭亡。

这座头顶着熊熊烈火的废城，就这样，倒在褐红色的火焰山的脚下，成为一片黄色的废墟。

我亲爱的好朋友，记不清楚谁说过这样一句话：建筑是凝固的音乐。现在，我站在吐鲁番银子般光亮的夕阳下，面对着浩浩的高昌故城，恍惚中，看到时光的手指，在这断垣残壁的宫城佛塔间，在这凋敝荒寂的护城河之上，弹奏起一曲久远而苍茫的西域的古曲长调。隐约中，听见金戈铁马的呐喊嘶鸣，还有丝路商旅的吆喝笑语……

这时，一个小土疙瘩打中了我。

我扭头一看，原来是开车的维吾尔族小伙，正一脸着急地催："快回家吧，要关门了！"

回家，真好！

你最好的朋友

丁酉秋分于吐鲁番

扫码收听

交河故城

位于今新疆吐鲁番市吐鲁番县，是世界上最大、最古老、保存最完好的生土建筑城市，也是唐代西域最高军政机构安西都护府的所在地。从公元前5世纪到公元14世纪，交河故城见证了古代吐鲁番的文明。2014年6月，作为"丝绸之路：长安—天山廊道的路网"组成部分，成功入选《世界遗产名录》。

寻找废墟之美

我亲爱的好朋友：

　　翻过天山山脉，有着"火洲"美称的吐鲁番，以55年来的最高温度，热情地迎接了远道而来的我们。路过火焰山时，巨大的金箍棒温度计上，赫然显示68摄氏度。

　　火焰山，当地人称"克孜勒塔格"，也就是"红山"的意思。车门一开，扑面而来的热浪，险些把人轰倒。烈日下，赭红色的山体如火在烧，有炽热气流在滚滚上升。四周重山秃岭，寸草不生。这里，到处是炼丹般的酷热，简直是人间炼狱。

　　悬崖边的牌子上，红漆写着"火焰山沙窝烤鸡蛋"几个大字，下面还有一行小字"五元一个十元三个"。两个维吾尔族的汉子在一堆沙土里，埋了十多个白花花的鸡蛋。不一会儿，就扒拉出几个烤熟的鸡蛋。尝了一下，果然外焦里嫩，蛋黄八分熟，烤蛋带给肠胃的享受，是煮蛋没法相比的。

烤蛋摊的斜对面，是个西瓜摊。切好的西瓜，红艳艳的沙瓤，特别诱人。有几个游客，顶着火炉般的高温，坐在摊前吃瓜。呵呵，这就是新疆"早穿皮袄午穿纱，围着火炉吃西瓜"的现实版吧。

我亲爱的好朋友，我就是在这样的热浪里，走向吐鲁番雅尔乃孜沟的。交河故城，位于雅尔乃孜沟河谷中央柳叶状的河心洲上。关于这个名字的由来，《后汉书·西域传》里这样解释："车师前国，王治交河城。河水分流绕城下，故号交河"。可惜了，我看到深深的河道，早已干涸，地面龟裂许久了。

我分明看到，一艘柳叶状的军舰，停在高出雅尔乃孜沟30米的土崖上。这军舰，载着的就是交河故城。想想看吧，在人烟稀少的西域，有这样一群人紧密无间地聚在一起，一家家一户户挨着，这是一桩多么幸福的事！更何况，这幸福发生在两千多年前的古西域。交河故城，既是空前的，又是绝后的！

我不知道，那些曾经湍急咆哮的河水，都奔腾到哪里去了？但我知道，2300多年前，聪慧的车师人，没有用一块砖和一片夯土，完全依靠人力，在这大土台上，一寸一寸地，硬是向下深挖。他们两周挖个城门洞子，小半年挖出一道城墙，再费些时日挖出个寺庙，继而再挖出个王宫什么的……就这样，完全依靠人力，从原生的土中，硬是掏挖出了一座城！

　　沿着一条短矮的土桥，不费力地向上跑几步，就踏入交河故城的怀抱中了。一条土质中央大道，把蓝天白云下的黄土之城，分成了东、西、北三大区域。西区是居民住宅和手工作坊区，这里的土墙土屋密密麻麻，一如当年那样，门户相对，庭院相连。甚至有的厨房墙上，还留有当年烟囱的火道。东区是官署区，一个大约长宽12米、深3米的方形地下庭院，就是当年车师前国王宫和唐代安西都护府的衙署所在地。北区是寺庙区，与东区、西区呈"品"字结构分布。

　　中央大道旁的大遮阳伞下，一个壮年的看守人，汗津津地躺在摇椅上，迷迷糊糊的，像快睡着了。整个古城遗址区，没有一丁点儿的绿荫，黄土地被照得发白，感觉天气特别闷热，头顶像扣了个烧红的大铁锅，止不住的汗水细泉般往外冒。

　　导游给大家打气说，现在的交河故城，还保存着两千多年前的旧模样，无论烽火台、官署区、城墙，还是地下广场、地下民居，都像个"卡"字那样，一半立在地上，一半伸向地下。整个交河故城，长度只有一公里半，大家努力走完全程，不留遗憾。

这种"卡"字状的黄土建筑，如果见上一两个，也许不会有什么特别的感觉。但是，当成百上千个这样的建筑废墟，挤着压着抱团朝你的视野里钻的时候，我亲爱的好朋友，那感受真的是无法用语言表达了。说惊艳吧，有些俗气；说震撼吧，力道小了；说冲击吧，又觉欠些……到底说什么好呢？词语贫乏如我这样的人，是注定无法概括出交河故城的废墟之美，还是你自己有机会来体验感知吧。

"只可意会，不可言传"，这句话用在这里，再好不过了。

导游说，大画家吴冠中1981年来此游览。交河故城的美，让老人也一时无语。用心创作完《交河故城》后，这个见多识广的老人，说了一句石破天惊的话："美是一种邪气！"这些年，来交河故城的人越来越多，也让越来越多的人见识了这片废墟的大美。人们毫不吝啬地把"世界上最完美的废墟"之桂冠，赠给了交河故城。

那么，作为废墟的交河故城，到底美在哪里呢？在烈日的炙烤下，看着满地被烤得发白的废墟，我不止一次地在心底问自己。

废墟之美，在残缺。我亲爱的好朋友，大凡能被称得上废墟的，大都是有一定的历史文化含量和文物价值的建筑遗存。因是建筑遗存，所以从美学角度讲，废墟是残缺不全的；但又因这些建筑遗存中有历史底蕴在，所以从文化角度看，废墟是有文化底蕴的。

试想一下，面对宫殿、陵寝、庙宇、城墙、古桥、古塔等庞大建筑群的残体，任凭谁都会想到古人超凡的智慧，都会想到劳动者艰辛的劳作，都会在惋惜中畅想全貌的神采。就像我，面对交河故城的废墟，先是想起"白日登山望烽火，黄昏饮马傍交河"那句唐诗，后又不由得想到唐时设置安西都护府，给这里带来的车马辐辏、货物集散、人口聚居的盛况……

废墟之美，在时空。我亲爱的好朋友，在时间和空间的神奇作用下，原本司空见惯的事物，会因为时间的长短和空间的远近，放射出别样的美来。人们常说，距离产生美。在时空的双重距离作用下，则会产生出更独特的美。正是基于这样的考虑，很多博物馆都把那些原始的破损陶片，摆在重要位置上给人看。自然，游人们看到的，是时空的美。

现在的交河故城，游人寥寥无几，显得格外空旷和寂寥。但是，在汉唐时，这里却是一个人潮人海的热闹地。人海中，应该有代天子巡视、传达朝廷命令的特使，应该有从西域各国策马而来的外交使节，应该有远离家乡保家卫国的屯垦戍边将士，应该有翻山越岭万里奔波的东西方商人，应该有远行边塞携笔从戎的边塞诗人……但今天，这里只有废墟一片。

废墟之美，在故事。我亲爱的好朋友，废墟上的每一处建筑遗存，都是大有来历的。那些围绕建筑发生的重要历史事件，那些让人至今仍耳熟能详的故事，在建筑倒塌风化之后，奇迹般地站了起来，用一种凝固的样式，定格成人们心目中宝贵的精神财富和文化遗产。这，是故事赋予废墟的文化魅力。虽然物是人非，但凝结在故事里的哲理，却长久地流传了下来。

后世的人们，只要愿意对视，就可以走进故事里。让那些依旧活着的历史，激发起自己"思古之幽情"，然后把自己感动得一塌糊涂，"独怆然而涕下"。

废墟之美，在想象。我亲爱的好朋友，人有时候很奇怪，在圆满时希望有缺陷出现，却在缺憾面前向往着能圆满。就像伟大的文学作品，是由读者和作者共同写成的，人们在凝望残缺的建筑遗存时，总是不自觉地会想到它完整时的状态。

当然，这种想象是一种沉浸其中的陶醉，也是一种可贵的再创造。有时，我们想象的场景，甚至会比实际的场景更好。所以，19世纪英国小说家狄更斯这样激情地写道：

"这是人们可以想象的最具震撼力的、最庄严的、最隆重的、最恢宏的、最崇高的形象，又是最令人悲痛的形象。在它血腥的年代，这个大角斗场巨大且充满了强劲生命力的形象没有感动过任何人，现在成了废墟，它却能感动每一个看到它的人。"

按原路往回返时，我突然想到当年高昌国王鞠文泰流着泪，把玄奘亲自送到这百里之外的交河时，他是不会想到这座繁华的城池，会成为一片废墟的。就像，他想不到自己的高昌国，会被灭掉那样。

一阵悠扬的热瓦普突然奏响，琴声中，伴有我听不懂的歌声。一位在交河故城入口处卖纪念品的老人，正坐在他的摊位前唱歌。那苍老的声音中，带着一些久远的忧伤，还有一些不舍的思念，像一滴浓墨落在宣纸上那样，墨韵很快洇出一大片……

我想，当年鞠文泰送玄奘西去时，或许高昌国的臣民们，也唱着这样的歌吧。想来，当年的唐玄奘是听懂了吧。

你最好的朋友

丁酉秋分次日于吐鲁番

扫码收听

北庭故城遗址

位于今新疆吉木萨尔县北庭镇以北的冲积平原上，公元702年设立北庭都护府时改原庭州城而建。北庭都护府遗址是丝绸之路新北道上的历史名城，历史上曾对新疆政治、经济、文化的发展起过重要的作用。2014年6月，作为"丝绸之路：长安—天山廊道的路网"组成部分，成功入选《世界遗产名录》。

丝一路一家一书

小城来了个大诗人

我亲爱的好朋友：

相对于幅员宽广的新疆，昌吉的吉木萨尔县，无疑是个小城。小到什么程度，以至于连好多新疆人，都不知道新疆还有这个县。

然而，作为丝绸之路汉唐古道，这里曾是举足轻重的西域重镇。一旦有个风吹草动，整个世界都要抖三抖。我亲爱的好朋友，从吐鲁番翻过东天山时，要经过车师古道。车师古道全长两百千米，因连接车师后国和前国而得名，已有两千多年的历史。因为这是一条从南疆跨越天山到北疆最为便捷的路，所以历来是丝绸之路的咽喉。

当我从古道穿过天山时，正对着的就是车师后国的所在地——金满城。后来，西汉政权在此设立西域都护府，中原王朝的力量开始了对天山的掌控。武周时期，这里是北庭都护府的所在地。北庭都护府与安西都护府，分治天山南北，将盛唐的万丈星光，通过西域投向世界。

风云变幻，王权更迭。这块造物主垂青的宝地，因各藩势力你争我夺，多次更名改姓：从汉语的"金满城"，到突厥语的"别失八里"，再到梵语的"可汗浮图城"……千年之后，当滚滚的硝烟和商贾的驼队渐次远去后，这片兵燹之地，如今有了个祥和安宁的名字——吉木萨尔。这是一个从蒙古语翻译来的名字，意思是说这里有金色的河滩、白色的雪山，是一个有山有水的好地方。

我看到的唐北庭都护府遗址，是一座被空旷、静寂、茂盛的荒草和落叶簇拥的故城。一段段残破的敦厚土墙，苍凉地矗立着，有的像城墙，有的像堡垒，有的已塌毁，但夯筑的城垣依稀尚存，有的城墙残体比人还要高。

面对眼前残破的墙垣和满地荒草，我的脑海里闪现着的，却是巍峨的城楼、萧萧的车马，以及那辽阔苍茫、严寒冰冻、苍凉悲壮的西域风情……

我亲爱的好朋友，这样跨越时空的错觉，是唐代边塞诗赋予我的。走马西域，是万万少不了唐边塞诗的。望着眼前这一切，大诗人岑参那脍炙人口的诗句，不自觉地从心底溢出：

北风卷地白草折，胡天八月即飞雪。

忽如一夜春风来，千树万树梨花开。

到大诗人的家了。我将手伸向随身的提包，一摸，那本《岑参边塞诗选》还在。这本人民文学出版社 1981 年版的薄书，是向一位文学教授借的，它是我此行开启北庭故城的金钥匙。

小城来了个戍边安邦的大诗人，边地小城的一石一木，点燃了诗人的激情。在岑参留传的 70 多首边塞诗中，有 30 多首都是写给北庭的。可见，北庭在他心中的分量多么重！

诗人的豪情壮志穿越时空，至今仍在故城的土石间回荡。

我亲爱的好朋友，文学——尤其是诗歌，总会和城市不期而遇。就像一说到长安，我们会吟咏出"风舞槐花落御沟，终南山色入城秋"；而提及南京，会想起"南朝四百八十寺，多少楼台烟雨中"；谈论到扬州，则又会念及"霜落寒空月上楼，月中歌唱满扬州"，等等。

诗歌如阵阵煦暖的风，可以在笼罩着拥挤、喧闹、焦虑的城市中，化解掉社会带给人的不公、压力，甚至歧视，给底层的普通民众以慰藉，给他们的内心以希望和寄托。

假如说，现代人打拼的城市是故乡的话，那么，它充其量只能算是身体的故乡；而诗歌，却是我们心灵的故乡。只有当身体的故乡和心灵的故乡融为一体，我们才能像德国诗人荷尔德林说的那样——"诗意地栖居在这片大地上"。

北庭城，因为大诗人那些恣意汪洋的诗作，成为丝绸之路上少有的诗意之城。

北庭城的内城，曾有四个门，可惜三个城门都没有了。所幸的是，诗人曾经走过的内城北门，至今还雄姿依旧。这个门，成为进入内城的唯一通道。

带着虔诚的景仰之情，缓步走进内城，我好像看见了岑参。我看见满怀立功雄心的诗人，健步登上北门城楼，旗帜一样地站立着，极目四顾：南边高耸入云的天山上，那隐隐的雪峰白而亮；北边的天山北坡一路延伸，直到黄沙遍布的大漠；城外，丝路商队远道而来，整齐有序；城内，各族百姓熙熙攘攘，和谐相处。这一壮阔的景象，让诗人心生感慨，一首传颂千古的《登北庭北楼·呈幕中诸公》，应运而生——

> 尝读西域传，汉家得轮台。
> 古塞千年空，阴山独崔嵬。
> 二庭近西海，六月秋风来。
> 日暮上北楼，杀气凝不开。

大荒无鸟飞，但见白龙堆。

旧国眇天末，归心日悠哉。

上将新破胡，西郊绝烟埃。

边城寂无事，抚剑空徘徊。

幸得趋幕中，托身厕群才。

早知安边计，未尽平生怀。

这是大诗人笔下的北庭风光！

只要有岑诗在，北庭城就在！

恍惚间，北庭城久远的风烟扑面而来，丝路战马的嘶鸣又在耳畔响起。因为有了诗人的吟唱，那些原本寻常的高山大漠、黄沙白云，不自觉地复现出历史的光荣和耻辱、辉煌与衰落。

和高拔的诗歌成就相比，岑参的仕途功名几乎可以被忽略掉。从小饱读诗书的他，20 岁到长安求取功名，30 岁才考取进士，后来好不容易授兵曹参军，却两赴西域，历任安西、北庭节度判官。

世上的事，祸福相依。仕途不畅，却成就了一位大诗人。

丝绸之路沿线的安西、北庭和轮台等地，天山南北沿途的边地民情和自然风光，以及边塞征戍生活的独特体验等，为诗人笔下悲壮奇丽的创作，提供了源源不断的素材，让唐诗的题材范围扩大，也提振了唐诗的精、气、神。

我亲爱的好朋友，英国诗人依尼诺·法吉恩曾发出《什么是诗》的诘问，并这样自问自答——

　　　　什么是诗？谁知道？

　　　　玫瑰不是诗，玫瑰的香气才是诗；

　　　　天空不是诗，天光才是诗；

　　　　苍蝇不是诗，苍蝇身上的亮闪才是诗；

　　　　海不是诗，海的喘息才是诗；

　　　　我不是诗，那使得我看见听到感知

　　　　某些散文无法表达的意味的语言才是诗；

　　　　但是什么是诗？谁知道？

　　那么，究竟什么是诗呢？我亲爱的好朋友，诗一直都藏在生活最平常的角落里，就像走路那样，左脚抬起，右脚放下，右脚抬起，左脚放下，好像寻常得没有什么。但我们却在左右脚的交替中，一步一步地前进到了新的位置。这就是诗，是诗的力量。诗是词语的精灵，是语言的结晶，更是上苍赐予人类最宝贵的礼物。

　　受唐长安城的建筑风格影响，北庭城分内外两城，如一个巨大的"回"字。内城是官署衙区，老百姓主要在外

城的生活区和商业区活动。走进城内，到处都是千年风雨冲刷而坍塌的夯土。城中楼台衙署遗迹犹在，只是路两旁的院落，早就塌成一堆堆的土丘了。在残存的遗址上，我迷路了。我根本找不到诗人来过的痕迹，我也分辨不出，诗人当年是在哪一堆夯土上，处理公务或挥毫作诗。

听说，在吐鲁番以东的阿斯塔那·哈拉和卓古墓群的一个墓穴里，考古工作者找到了诗人岑参来过北庭城的实物——一张写有"岑判官马柒匹共食青麦三豆（斗）伍胜（升）付健儿陈金"字样的账单。记录的是，某年某月某日，岑参等人的7匹马，在驿站里吃了3斗5升马料，把钱付给了一个叫陈金的驿卒。遗憾的是，诗人当年写边塞西域的墨宝，至今连一个字都没有找到。

打开薄薄的《岑参边塞诗选》，坐在一处高耸着的基址上，我一首一首地读着。在诗人的家里读诗，那感觉，妙不可言！

远处的卡拉麦里山，飞翔着诗歌的精灵，回荡着诗人的吟唱。一声骏马的嘶鸣，让诗人的心一惊，沉寂中蒸腾着某种杀气，遥望博格达峰，诗人挥毫一气写就《走马川行奉送封大夫出师西征》：

君不见走马川行雪海边，平沙莽莽黄入天。

轮台九月风夜吼，一川碎石大如斗，随风满地石乱走。

匈奴草黄马正肥，金山西见烟尘飞，汉家大将西出师。

将军金甲夜不脱，半夜军行戈相拨，风头如刀面如割。

马毛带雪汗气蒸，五花连钱旋作冰，幕中草檄砚水凝。

虏骑闻之应胆慑，料知短兵不敢接，车师西门伫献捷。

    风刀霜剑、艰苦异常的环境，把我们带到了一个奇冷、奇险、奇苦的世界，虽然没有一字直接写战事，但诗句中将士们雪夜行军的步履，传递着让雪海汹涌、阴山摇撼的伟力。

    诗人把盛唐蓬勃向上的时代精神，也融入了他的诗行中。你看，在《白雪歌送武判官归京》里，那句"忽如一夜春风来，千树万树梨花开"，多么经典啊。想想看吧，一千三百多年前的塞外，飞雪伴着北风呼啸而来，"将军角弓不得控，都护铁衣冷难着"，大雪很快就压低了千树万枝。诗人不愧是诗人，看到这幅北国风光，心里绽放的却是江南煦暖的春光，是梨花似海般的绚丽。这不是春花，却胜似春花。这般雄奇瑰丽的浪漫色彩，是诗人美丽心境的观照，也是盛唐河山壮丽、自信饱满时代精神的折射……

    我亲爱的好朋友，这一首首的诗，是诗人千年前种下的种子。如今，株株都长成了参天大树。我顽童般地在树下玩耍，甚至还爬上树，去采摘果实吃。谢谢你，岑参！你用诗，把我摆渡到了雄奇壮美的西域，让我尝到了天然可口的果子。你的诗，唤醒了我，更鼓舞了我。

这时，一股小风从基址下卷起，尘土很快旋成一根棍，硬在空中，久久未落。这恰如大诗人笔下那些边塞诗，大漠孤烟直……

可惜的是，到了明代，北庭城被毁了。

听当地人说，由于北庭城修得太坚固了，瓦剌人久攻不下，就想出了个坏主意。他们找来很多当地的土猫，先给猫身上浇油，再带到云梯前用火点燃，惊慌的猫顺着云梯火团般蹿入城内。很快，北庭城里火光一片。那之后，城池元气大伤，日渐湮没。

幸运的是，三百多年后的某天，一个被逐出京城的人，来到了这里。在《阅微草堂笔记》里，他惊喜地记录下自己的见闻，欢呼发现了北庭故城！这个人，就是被清朝乾隆皇帝流放到此的大学士纪晓岚。于是，这座曾承载丝绸之路繁华的城池，再次回到了世人的视野。

不幸的是，一些当地人很快就发现，北庭故城里那些保存完好的敦厚的墙体，是修筑窑洞的绝佳地点，于是他们纷纷把家安在城墙中间。以至于现在，那些相对保存完整的墙体上，还留着许多或大或小的窑洞。远远地看上去，像古老的城墙张大嘴巴，朝着天空和大地呼号。相比之下，那些没有窑洞的墙体，单薄得不堪一击，它们要么倒塌成土了，要么颤巍巍地站着，残高不及人腰。

看到这一幕，我感到了深深的羞愧。我亲爱的好朋友，和大自然雨水冲刷造成的损害相比，人才是故城最大的破坏者！

好在，居住在窑洞里的人现在都搬走了。如今，当地人有的把这片废弃的故城叫"破城子"，也有的叫"唐朝城"。

这座曾经流淌着诗意的孤城，在大诗人的背影越走越远之后，早早地就收敛起那纵横天地的豪迈与从容，老实地学会了在沉寂的历史中保持庄严与冷漠。

旭日东升，天宇澄明。

大地轮回，生生不息。

在吉木萨尔，一些年轻人甚至不知道这片土地上，曾经有过风光一时的北庭故城。我亲爱的好朋友，也许，这就是历史的来本面目。

你最好的朋友
戊戌秋日于吉木萨尔

扫码收听

新疆天山

指天山山脉分布在中国境内的部分，长达 1760 公里，横亘新疆全境，是新疆地理的独特标志。新疆天山世界自然遗产，由托木尔、喀拉峻—库尔德宁、巴音布鲁克、博格达 4 个片区组成。2013 年 6 月，成功列入《世界遗产名录》，填补了中国北方没有世界自然遗产的空白，也是新疆的第一个世界遗产。

天山是骏马的高速路

我亲爱的好朋友：

行走在新疆广袤的土地上，我想起了中学地理课上老师讲过的话：读懂了新疆的"疆"字，就能把新疆了解个八九不离十。这个"疆"字，属于左右结构，左半边有一把张开的弓，意寓着新疆的威胁主要来自西边。再看右半边，三横两田，三横代表新疆境内的阿尔匹斯山脉、天山山脉和昆仑山脉。而关于中间的两田，有两种说法：一是对应着准噶尔盆地和塔里木盆地；二是表明中原政权在新疆有过漫长的屯田史。

往事越千年。作为新疆这部大书的"书脊"，天山记录了游牧区和农耕区从对抗到融合的历史。只要中原政权国力允许，就一定会加强对西域的擘画经营。你看，游牧区的大月氏、乌孙、匈奴、鲜卑、柔然、高车、铁勒、突厥、回鹘等，你方唱罢我登场，走马灯似的上演着这样的历史活剧：在漠北积攒实力，联合其他力量，沿丝绸之路越过天山，潮水般占据天山南麓褶皱里的绿洲，建立一个个王国；然后，同中原农耕区先形成"你就是你、我就是我"的楚河汉界，再在打打闹闹中消解彼此，演进成一个"你中有我、我中有你"的混杂整体，最后融合成"你就是我、我就是你"的中华民族。我亲爱的好朋友，你完全可以这样理解：一部天山史，半部新疆史。

我亲爱的好朋友，不到天山，你是很难明白祖国疆域之辽阔。

新疆区域总面积 166 万平方公里，约为整个中国国土面积的六分之一。这是个什么概念呢？也就是说，一个新疆的面积，比河南、山东、河北、北京、天津、山西、陕西、湖北、安徽、江苏、上海、浙江、湖南这十三个省市的总面积还要大！

走在"三山夹两盆"的大山大水之地，你会对疆域广阔这个词有一个全新的认知。同样的一轮夕阳，从新疆最东边的哈密落下后，要再跋涉两三个小时，才能到达最西边的喀什。

你猜，从新疆首府乌鲁木齐到和田有多远？全程 1600 多公里，开车需要 20 个小时。这个距离有多远呢？相当于从成都到南昌，整整横跨了四个省和一个直辖市！而这，还不是新疆境内距乌鲁木齐最远的地方——从乌鲁木齐到塔什库尔干塔吉克自治县，距离为 1750 公里！

新疆真大，行走在新疆的大地上，心底洋溢的是大中国的浓浓情怀。我的一名来自阿克苏的本科学生，曾告诉过我这样一句话：新疆人最引以为豪的是，祖国是一只大雄鸡，而新疆独自占据了整个鸡屁股。

作为世界上最大的独立纬向山系，也是世界上距离海洋最远的山系和全球干旱地区最大的山系，天山西起乌兹别克斯坦等中亚国家，东至中国新疆哈密，横跨中国、哈萨克斯坦、吉尔吉斯斯坦和乌兹别克斯坦四个国家，全长 2500 多公里。

在我国境内，天山东西绵延 1700 公里，占地 57 万余平方公里，是整个新疆面积的三分之一。如果把新疆比作一个人的腹部的话，那么天山无疑就是分离腹腔和胸腔的横隔膜。和在人们一呼一吸中发挥重要功能的横膈膜一样，天山在新疆承担着极其重要的作用，它把新疆隔成南疆和北疆两大部分。"天风浪浪，海山苍苍，真力弥满，万象在旁"，《二十四诗品》中的这句诗，写的就是天山的壮美与豪迈。

大巴车在天山腹地缓慢地翻越着，我们一边叮嘱司机注意安全、开慢些，一边感慨古人行走丝绸之路翻越天山时的艰辛。哈萨克族司机接过我们的话题，笑着说："很多来自内地的朋友，在乘我的车时，都发出过这样的感慨。也许，在你们农耕民族的思维中，认为山脉是交通的阻碍。但是，在我们游牧民族看来，有水有草的山脉，就是骏马的高速公路。"天山千千万万个山间盆地和大小不一的河流宽谷，确实不仅是骏马天然的优良牧场，更像是现在高速路上的服务区，是骏马驰骋千里必不可少的休养站。

我亲爱的好朋友，骆驼不适宜翻越天山，它们更适宜在浩瀚的沙漠中负重前行。能够驮着战士和货物，快速翻越天山的，只有骏马了。在苍茫邈远的天山中，在成千上万的细小褶皱里，至今还密密麻麻地分布着一条条血管状的公路。在这些曲折宛转的生命孔道间，丝路商旅和游牧民族千百年来南下北上、东去西来，交替上演着影响历史进程的一幕幕风云大剧。

说到骏马，我想起西汉第五位皇帝刘彻那首《天马歌》。历史上，他设立河西四郡、开通西域，做了不少彪炳史册的实事。在长安未央宫里，见到西域送来神马，尤其看见那马流出的汗水是血色的，他心头顿时涌上"天下良驹"四个字。他龙颜大悦，而且诗兴大发："太一贡兮天马下，沾赤汗兮沫流赭。骋容与兮跇万里，今安匹兮龙为友。"那意思是，天帝赏赐啊天马降临，汗流如血啊沫喷似赭，神态从容啊万里扬尘，谁能匹敌啊以龙为友。

　　我亲爱的好朋友，武帝的这首诗，写得未免太老实，有点像学生作文，看见马就写了马，因缺乏必要的想象和联想，而显得有些单薄。在这一点上，他真应该向他的祖先西汉创立者刘邦学习。你看人家高祖，只用了 23 个字，就道出一代帝王的豪迈与慷慨："大风起兮云飞扬，威加海内兮归故乡，安得猛士兮守四方！"这首短诗，更像是三句自言自语，说了秦末农民大起义风起云涌的残酷往事，说了与项羽角逐关中称帝后荣归故里的豪情，也说了开国君王的踌躇满志和渴望招贤纳士、网罗英才的迫切心愿。一首诗，三句话，囊括了过去、现在和将来，成为流传千古的好诗。可见，诗歌关乎性情，诗人是天生的。难怪中华人民共和国的缔造者毛泽东主席，在《沁园春·雪》中用四个字点评刘彻：略输文采。

我亲爱的好朋友，不到天山，你很难领略祖国河山之壮美。

车窗外，天蓝得像一片蔚蓝色的大海，飘忽的白云在不停地变换。山顶银光闪闪的雪际，恰似维吾尔族少女的银冠。云雾缭绕，从山尖经过茂密的原始森林，落在那些墨绿色重重叠叠的枝丫上。雪山的融水，冰冷，剔透，如跳跃的音符，顺着山谷穿过碧草如海的山野，缓缓地流入一片绿野无限的草原。路旁，偶尔有商旅的马队，一如千百年前那样，慢悠悠地走过。

草原上，绿茵茵的，是那些茅草、苔草、蒿草、松草，最绿也是最多的，当然要数那大片大片的酥油草了。牦牛群、马群和云朵般的大尾羊群，在绿毯子似的草原上到处游动。五颜六色的叫不上名的花儿，每一朵都呈现着各自的绚丽，生怕人们的目光会忽略了它们的存在。策马的牧人，在那些吃过界的牛羊的上空，甩动响亮的鞭子，大声地吆喝着，却压根不把鞭子落在牛羊的身上。

天空离我，是那么近，又那么远。

天静止了，地静止了，岁月静止了。

一切都静止了，在这天山的怀抱里。

原谅我吧，我亲爱的好朋友，我粗糙的文字根本不能

描述出这里的绝美。我想，最好的办法是带你来这里，只要你来了，这里的一切就属于你了，就会存储在你的记忆之中。

一想到马上要到巴音布鲁克草原了，沉寂的车内顿时热闹起来。

一位中年男子正在分享他的旅游感受，说这巴音布鲁克草原是一个绿色的盆地，因为汇集了天山南部的雪水，所以形成了著名的草原湿地，常年水草丰盛、牛羊成群。更绝的是，那里有几百个互相通连的浅水湖，汇聚成天鹅湖景区，运气好的话，还可以看到成群结队的野天鹅在飞。

一个苍老的声音接过话题说，在蒙古语中巴音布鲁克的意思是"永不枯竭的泉水"。据说，整个草原上分布有千余眼泉水，开都河、伊犁河、玛纳斯河、呼图壁河、阿拉沟河等九条河的源头都在巴音布鲁克。太阳出来光一照，草原上丰沛的泉水，就会发出钻石般的光泽，好看得很呐。

一位年少的美女接过老者的话，说巴音布鲁克的点睛之笔，要算"九曲十八弯"了。在电视剧《西游记》里，那迷人的"九曲十八弯"之景就取自这里。去年，我们站在开都河边的高岗上，远远望去，河水像一条十几米宽的玉带，在望不到头的草原上蜿蜒着，绕过南边的巴西里克山，经过一个个密集的弯道，流向东南方的天尽头。我们去年的运气不太好，没有看到日落"九曲十八弯"的场面。有人在网上留言说，夕阳落山时，从河水中看到过9个太阳。不知是真的假的，也不知我们这次能看见几个太阳在河里……

出人意料的是，距巴音布鲁克还有半小时路程时，天突然阴了起来。富有经验的哈萨克族司机，眯着眼睛看了看天，说这是大雨将至的前兆。话音刚落几分钟，细细的雨就落下了，像千万条细丝，在半空中荡漾。很快，原野就蒙上了一层墨黑的纱，刚才还活蹦乱跳的牛羊群，一会儿全都老老实实的，围在白色蒙古包的一旁。

丝丝缕缕的细雨，还没有把地皮下透呢，雨点就连成细线，窗玻璃上的雨柱，一股一股拥挤着向下淌。很快，雨像断了线的珠子，直愣愣地往地上落，天像漏了似的。一时间，风赶着雨，雨赶着风，风雨相互较着劲。细草在风雨的冲刷下，吓得不停地发抖。一阵大风过后，千万棵小草倒下一大片。窗外，雨水像是无数条鞭子，可劲地在抽打着玻璃。但是，任凭雨水再用劲，窗玻璃上连雨的一个脚印都没能留住。

一车人都望着窗外的暴风雨发呆，即便是刚才还高声诉说畅游巴音布鲁克经验的那几位，也都全闭上了嘴巴，他们显然没有遇过这情景。

在我们抵达宾馆吃罢午餐后，大雨还没有一点儿要歇息的意思。大雨降低了这个高原盆地本来就很低的气温。有人调侃着说要冻死在这里了，一边飞快地跑到一楼超市，买了件薄羽绒服裹到身上。事实上，这是草原一年中气温最高的八月天。

雨一直在下，天公不作美，无缘目睹近在咫尺的巴音布鲁克草原美景了。我独自撑一把伞，冒雨到巴音布鲁克小镇上去转。远处的巩乃斯山，模糊在一片雨雾中，什么也看不清楚。近处，一些大胆的牛羊和骏马，稀稀拉拉地散落在雨中的草原上，像一群迷途的孩子，在静默中等待牧人的召唤。

巴音布鲁克小镇并不大，有几栋三五层高成色很新的小楼，应该是近几年旅游业兴旺的产物。其他沿街的平房，要么是小酒馆、馕饼店、日杂店等经营性场所，要么是当地居民温暖的家。

小镇只有两条街，一条巴音布鲁克街，另外一条叫阿尔夏特街。由于小镇是去独库的必经之路，故而街面要比一般小镇的街道宽。街道上，因为来往的人不多，加之路边没有一棵树，不免让人觉着有些空旷，也显得街上过路的货车和骑摩托的牧人，要比走路的行人多。可以想见，天气晴好的时候，这里也许是一片熙熙攘攘的喧嚣。

小镇上，有汉族、维吾尔族、蒙古族、藏族、回族、哈萨克族等多个民族融洽相处。不知是谁家的主人，奏起了马头琴，悠扬舒缓的琴声，伴着中年汉子低沉的嗓音，透过雨帘，掠过草原，混杂着湿漉漉的草木之气，不断向外传递着这个多民族小镇的艺术气息。

我亲爱的好朋友，不到天山，你是很难领略祖国民族之团结。

傍晚时分，大雨停了。因为下午没去成巴音布鲁克草原，大家决定晚上去小镇蒙古包剧场，看史诗舞剧《东归·印象》。在渐起的马头琴那忧伤的蒙古长调中，一阵急促的军鼓声由远及近地传来，东归英雄土尔扈特部落的史诗故事开始了。

勤劳、勇敢的土尔扈特部落，是蒙古族中的一个古老的部落。早在1628年的明朝末年，为了寻找新的生存环境，部族中的大部分土尔扈特人离开故土，越过哈萨克草原，渡过乌拉尔河，来到了当时尚未被沙皇俄国占领的伏尔加河下游、里海之滨。在那片人烟稀少的草原上，他们开拓家园，生息劳作，建立起游牧民族的封建政权：土尔扈特汗国。

在伏尔加河流域生活了一百四十多年后，因不堪沙俄的民族压迫和苛刻要求，他们高呼着"不当奴隶，誓死东归"和"向着太阳，向着启明星升起的地方去"的誓言，在首领渥巴锡的带领下，于清乾隆三十六年，率部 17 万人赶护牲畜、携运辎重，自沙俄伏尔加河下游起程回归故土。

东归途中，他们突破了沙俄、哥萨克和哈萨克等军队的围追堵截，用半年多时间，行程上万里，击败了东归途中一路的恶战和饥饿，终于回到了祖国的怀抱。当他们衣不蔽体地抵达阔别已久的伊犁河流域时，只剩下了三四万人。这是人类历史上最悲壮的一次民族大迁徙，其艰苦和悲壮程度不亚于长征。这就是震惊世界的土尔扈特东归故事，创造了举世闻名的民族大迁徙的奇迹，彰显了中华各民族石榴籽一般紧密团结在一起的精神。

之后，清朝乾隆皇帝把巴音布鲁克草原等地划给了土尔扈特人，让他们在这片太阳升起的地方休养生息。从此，他们以草原主人的身份，男子们骑着骏马，姑娘们唱着牧歌，世世代代生活在这里，尽情地享受着这里冰清玉洁的雪山、纯净无瑕的天空、碧绿如画的草原，过上了各民族大团结下的幸福生活。

我亲爱的好朋友，因为新疆地方大，所以每辆客车上都配有两位司机。我们车上，另一位司机是维吾尔族人。小伙子不仅长得帅气，还有一肚子的故事。当年长的哈萨克族司机开车时，维吾尔族小伙拿着话筒说：马上到乌鲁木齐了，教大家一句维吾尔族话"阿达西，亚克西姆塞斯"，就是汉语"你好"的意思。很快，"阿达西，亚克西姆塞斯"这句问候声，在车厢里响成了一片。

小伙接着说，天山见证了土尔扈特人的东归壮举，但这还不是最早的民族团结事例。早在远古时期，西域有个西王母国。历史上的西王母，是一个神一样的存在。黄帝当政时，西王母曾示好地献上玉环。尧当上部落首领后，还派遣稷翻越流沙地，出使西王母国，拜会了西王母。

西周的第五位天子周穆王，亲率人马一路向西，边狩猎边西巡。到达位于帕米尔高原的西王母国后，挑了个好日子拜会西王母，送上白色的圭、黑色的璧、彩色的丝绸一百匹和素色的丝绸三百匹的厚礼。为表谢意，西王母设酒宴欢迎，亲自唱祝酒词："蓝天白云可作证，巍巍大山自出欢迎，阁下不辞艰辛劳苦，千里迢迢到昆仑，带来了友谊，带来了和平。只要阁下能长寿，欢迎您下次再光临。"深受感动的周穆王当场宣布，回去后一定要让各民族团结、和睦相处，让百姓过上好日子。

第二天，周穆王获得了在西王母国的狩猎权。他在西域狩猎三个月，拉着一百多车的鸟兽猎物回去了。而西王母获得那批丝绸后，并没有独自享用，拿出一部分和别人做贸易，有些还流通到了阿拉伯和北非。20世纪90年代早期，奥地利考古专家在一具古埃及木乃伊身上，发现了一小块丝绸。有人推测，这块丝绸大概来源于周穆王送给西王母的那批丝绸。因此，也有人称周穆王和西王母是最早开通丝绸之路的人。

我问维吾尔族小伙，当年西王母住在哪里呢？

小伙子笑了一下，幽默地说："阿达西，亚克西姆塞斯！有人说西王母居住在昆仑山西边的玉山上，有人说她居住在青海湖和柴达木盆地接壤的地方，还有人说她居住在赛里木湖北边的阿拉套山上……当然，大家比较公认的是西王母住在天山天池旁。天山天池是人间仙境，距乌鲁木齐不到一百公里。我看了大家的行程安排，今天抵达乌鲁木齐，明天一大早就可以像周穆王那样，去天池拜会西王母了。"

我想，作为完成丝绸之路第一单贸易的人，不管西王母住在哪里，她都一定是住在丝绸之路上。

阿达西，西王母！

亚克西姆塞斯，我的丝绸之路！

你最好的朋友

丁酉秋夜于乌市

扫码收听

我亲爱的好朋友：

到这里，这本讲述丝路中国世界遗产的书，就要和你说再见了。

聪明的你一定发现了，这本书是一个父亲送给儿子的礼物。是的，书中反复出现的"我亲爱的好朋友"，就是你——我年少的孩子章鉴中。

聪明的你还会发现，这是一本没有写完的书。是的，这的确是一本没有写完的书。因为联合国教科文组织第 38 届世界遗产委员会会议认定，中国、哈萨克斯坦和吉尔吉斯斯坦三国的"丝绸之路：长安—天山廊道的路网"，共有 33 处遗址、遗迹入选《世界遗产名录》。其中，中国段有 22 处世界文化遗产，另外 11 处分布在哈萨克斯坦和吉尔吉斯斯坦两个国家。而我探访丝绸之路世界遗产的步履，目前还仅仅停留在中国的土地上。

早在史前时期，欧亚非大陆上，就有了人类的迁徙和交流。

两千多年前，中国人就知道在中国之外，还有一个休戚与共的世界。所以，在生产力水平十分有限的条件下，那些使者、质子、商人、僧侣等人，带着使命、信仰和货物沿丝绸之路，想方设法走到更广阔的世界。不仅如此，他们还把沿途的所见所闻都记下来，忠实地报告给东方帝国的决策者。就这样，一个小群体的发现，很快影响了帝国意志。

作为贯通古代欧亚非的重要交通要道，丝绸之路从长安出发，一路向西，穿越中国西北地区，又一路向西抵达中亚、西亚和南亚，接着再一路向西，最后延伸到更遥远的欧洲地中海。丝绸之路，打破了国与国、族与族的界限，使得地处太平洋这边的亚洲和大西洋海岸那边的欧洲，发生了物质和物质、文明和文明的联系。

借助现代化的交通工具，我利用两三年的假期，从西安到咸阳、宝鸡、汉中，再到洛阳、三门峡，再从西安一路西行，穿越重重山川、河流和沙漠的阻隔，步履匆忙地踏入甘肃和新疆，重走了这条快要被时间湮没的丝绸之路，零距离地接触了27处饱经沧桑的遗址或遗迹，倾听了那么多美丽动人的故事，目睹了那么多东西方交流栩栩如生的画卷。我亲爱的好朋友，你一定能猜出，这次丝绸之路中国段的探访活动，在我的内心世界掀起了一场天翻地覆的革命！

当我站在中华人民共和国霍尔果斯口岸，西望近在咫尺的哈萨克斯坦共和国土地时，许多分量很重的信息，又一次集结在脑海，相互撞击、频繁交织、急速闪回：遥想当年，东方的丝绸、茶叶和瓷器，穿过连接城镇和绿洲的亚洲之脊，一路向西通达世界，绘就了波澜壮阔的丝路演进图，谱写了人类可歌可泣的文明流传谱。物质的交流，推进了文化交流和文明互鉴。因为有了丝绸之路，更多的西方人知道了东方的儒学，丰富了世界文明的内涵；东方帝国四大发明的西传，成为欧洲文艺复兴的催化剂，甚至连东方人饮茶的优雅方式，也引得西方人争相效仿。

从霍尔果斯一路向西，丝绸之路无限延伸，通达至更为宽广、更为丰富的世界。我亲爱的好朋友，丝绸之路上还有11处世界文化遗产，我至今没有缘分抵达，它们是：哈萨克斯坦共和国阿拉木图州的开阿利克遗址、卡拉摩尔根遗址、塔尔加尔遗址和江布尔州的阿克托贝遗址、库兰遗址、奥尔内克遗址、阿克亚塔斯遗址、科斯托比遗址，以及吉尔吉斯斯坦共和国楚河州的碎叶城（阿克·贝希姆遗址）、巴拉沙衮城（布拉纳遗址）和新城（科拉斯纳亚·瑞希卡遗址）。

我期待，能早日抵达这些地方。我还想再次在丝绸之路上走走看看，再次零距离地感受丝绸之路的光芒，包括来自中国之外的丝绸之路世界遗产的光芒。我知道，这光芒来自于那些不辱使命的使者，这光芒来自于那些出生入死的将士，这光芒来自于那些辛勤奔走的商贾，这光芒来自于那些信仰坚定的僧侣……这是文化的光芒，这是文明的光芒，这是信仰的光芒，这更是理想的光芒！

在今天这样一个工业化、标准化、信息化的伟大时代，人与自然、土地、山水、沙漠似乎正变得越来越远。我们的心灵，比历史上任何时候都需要慰藉，特别是来自历史文化和壮美大自然的双重抚慰。探访丝绸之路上的世界遗产，能极大地填补我们心灵的空白，让我们在遥远的历史源头，找到许多现实的回声。

在"一带一路"国家倡议受到世界空前关注的今天，探访丝路中国 27 处世界遗产，无疑是一件有意义的事。一路向西，匆忙走过，我深深地感觉到：世界是通的，今日中国之高速发展和开放，为丝绸之路的复兴带来了许多新的可能。我坚定地相信，丝绸之路是中国的，也是世界的；丝绸之路是历史的，也是现代的；丝绸之路是过去的，也是将来的。

我亲爱的好朋友，等你有一整段的时间了，我们一起走趟丝绸之路，约吗？

作　者
己亥夏至于西安

扫码收听